개구리 첫국밥

현 대 수 필 가 1 0 0 인 선 · 95

개구리 첫국밥

남민정 수필선

좋은수필사

■ 책머리에

수필은 누구나 부담 없이 읽고, 마음만 먹으면 직접 쓸 수도 있는 가장 친근한 문학이다. 다른 영역의 문학이 영상매체에 밀려 신음하고 있는 중에도 수필 인구만은 날로 증가하여 바야흐로 수필 전성시대를 구가하고 있는 이유도 거기에 있을 것이다.

시대적 추세에 힘입어 수많은 수필전문지, 수필동인지가 창간되고, 이에 비례하여 신진 수필가도 날로 늘어나다 보니 이제는 그 많은 작가, 그 많은 작품 중에서 문학성 높은 작품을 가려 읽는 일이 쉽지 않게 되었다. 이런 현상은 작가에게나 독자에게나 결코 바람직한 일이 아니다. 더 나아가서는 수필을 연구하는 후세들에게도 큰 부담이 될 것이다.

이런 문제를 해결하는 데는 출판인도 마땅히 한몫을 감당해야 한다는 평소의 소신에 따라, 본사가 기꺼이 그 역할을 맡기로 했다. 그 첫 번째 사업으로 시대를 대표할 만한 수필가 100인을 선정하고, 작가가 자선한 40편 내외의 작품을 수록한 문고본을 발간하여 이를 널리 보급함으로써 그 소임을 다하고자 한다.

본사는 사명감을 가지고 이 사업을 추진해 나가기로 했다. 작가 선정을 전담할 편집위원회를 구성하고 전권을 위임하여 일체의 사적인 정실이나 청탁을 배제함으로써 전문성과 공

정성을 확보해 나갈 것이다.

따라서 이 기획물 속에는 작가의 문학정신뿐만 아니라, 본사의 문학사적 기여 의지와 편집위원 제위의 수필문학에 대한 애정과 문인으로서의 양심이 함께 담겨 있음을 자부한다. 다만, 작가를 선정하는 기준에는 많은 견해의 차이가 있을 수 있고, 선정 과정에서도 미처 챙기지 못한 부분이 있을 것이라는 사실만은 인정하지 않을 수 없다. 이 점에 대해서는 관계자 여러분의 양해 있으시기 바란다.

이 시리즈의 발간 순서는 작가, 또는 본사의 사정에 의한 것일 뿐 그 밖의 어떤 기준도 적용하지 않았음을 밝힌다.

본 기획물이 시대를 초월한 많은 수필 애호가들의 관심과 애정 속에 우리나라 수필문학 발전에 한 이정표가 되기를 바랄 뿐이다.

2011년 6월 일

좋은수필 발행인 서 정 환

현대수필가 100인선 간행 편집위원 박 재 식 최 병 호

정 진 권 강 호 형

변 해 명

1_부

2_부

3_부

4_부

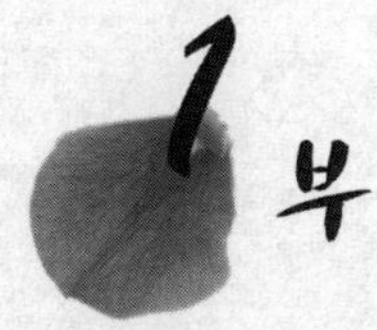

1부

푸른 잔

푸른 잔은 천마총 진열장에 놓여 있었다. 옛 신라 지증왕의 능인 경주의 천마총, 어두컴컴한 고분 안으로 들어가면 발굴된 왕의 소지품들이 전시되어 있고 진열장 맨 앞에 맑고 투명한 푸른색의 유리잔이 보인다.

고분 속의 푸른 유리잔, 청동으로 만든 장신구와 흙으로 구운 토기들 속에서 그 잔은 어둠 속에 켜놓은 작은 램프처럼 은은하게 빛이 나고 있었다. 처음 그 잔을 본 것이 언제였던가. 나는 경주에 가면 먼저 천마총으로 간다. 푸른 잔 때문이다.

가을 하늘처럼 푸른 그 잔의 모양은 동그랗고 손잡이는 조금 길다. 지금은 흔히 볼 수 있는 포도주잔이지만 도자기를 술잔으로 쓰던 천 년 전 그때에는 경이로운 물건이었으리라.

그 잔은 어디에서 왔을까? 실크 로드를 따라 아득히 먼 곳 페르시아에서 낙타 등을 타고 오지 않았나 싶다. 어느 상인이 아름다운 모양과 처음 보는 색이 신비로워 임금님께 진상했을 것이다. 임금이 지극히 아꼈던 술잔이기에 세상 떠날 때 함께 땅에 묻혔던 것 같다.

현대 작품만 전시하는 미술관에서 개나리가 담긴 질항아리를 본 듯 조화롭고, 어느 외국인 집 거실에서 서양 가구들과 같이 놓여 있는 조선 시대의 반닫이를 본 듯 청동 그릇과 토기 그리고 푸른 잔은 격조 있게 잘 어울렸다.

내가 그 잔 앞에 오래 서 있으면 일행들은 어서 나가자고 재촉을 한다. 천마총 안은 어둡기도 하고 발굴할 당시의 왕과 왕비의 누워 있던 모습을 그대로 재현해 놓은 곳이라 오래 머물고 싶지 않기 때문이다. 사람들은 똑같은 사물을 보고 있어도 서로 다른 의미로 본다고 한다. 다른 사람들에게는 임금이 귀히 여기던 술잔으로만 보이는 푸른 잔, 그 앞에 서 있는 나에게는 어렸을 적에 다른 곳에서 본 또 하나의 푸른 잔을 생각나게 한다.

여섯 살 때였다고 생각된다. 어느 날 저녁때 어머니는 세숫대야에 따뜻한 물을 담아서 마루에 놓고 내 발을 씻어 주셨다. 고개를 숙이고 오랫동안 발을 닦아 주시던 어머니가 "내일 너 혼자 아빠한테 간다. 엄마가 나중에 데리러 갈게." 작은 목소리로 이야기하셨다. 아버지는 그때 다른 도시로 전근 가서 잠시 혼자 계실 때였다.

이튿날 누군가의 손을 잡고 즐거운 마음으로 아버지께 갔다. 그곳 아버지 집에는 다른 여인이 아버지와 같이 지내고 있었다. 나는 무엇을 아는 듯 저녁도 먹지 않고 엄마를 찾았다. 칭얼대는 나를 업고 아버지는 이 방 저 방을 다니며 달래셨다.

이층 방으로 올라간 아버지가 "저것 봐라. 예쁜 것 있다." 하며 다가간 곳에는 색이 푸르고 모양이 예쁜 잔이 있었다. 방 한쪽 반닫이 위에 귀중품처럼 놓여 있는 그 잔은 언젠가 아버지 손을 잡고 언덕에서 바라보았던 어느 바다처럼 푸르다고 생각했다. 아버지 등에서 내려 그 잔을 만져보고 싶었지만 계속 칭얼대며 울다가 그대로 잠이 들었다.

이튿날 새벽 아버지의 집을 떠났다. 딸을 아버지께 보내고 하룻밤을 지새우신 어머니가 동트기 전에 보낸 친척 아저씨가 나를 등에 업고 안개 자욱한 새벽길을 걸어갔다.

내가 떠날 때 아버지는 내 등을 두드리며 "곧 집에 가마." 하셨다. 안개 가득한 마당에서였다. 그리고 바로 집으로 돌아오신 아버지는 얼마 후 전쟁 때문에 돌아가셨다.

내가 어릴 때 세상을 떠나가신 아버지, 그래서 아버지에 대한 기억이 많지 않다. 그러나 아버지 등에 업혀서 바라보던 푸른 잔의 기억은 잊히지 않는다. 그리고 궁금했다. 그 잔은 지금 어디에 있을까. 아버지는 어떻게 그 잔을 갖게 되셨을까. 집치장하기를 좋아하셨다 하니 흔하지 않은 푸른색이 신비하여 장식품으로 사셨을까. 선물로 받은 것일까, 그 잔은 아버지께 어떤 기쁨을 주었을까. 어머니는 그 푸른 잔의 존재를 알고 있을까.

아버지가 돌아가신 유월에는 동작동에 있는 국립 현충원에 간다. 아버지의 묘소가 있는 곳은 아니지만 전쟁으로 돌아가신 아버지를 생각하기에 좋은 곳이기 때문이다. 진혼곡의 나팔 소리는 늘 나를 슬프게 한다. 누군지도 모르는 어느 묘비 앞에 앉아 시간마다 울리는 진혼곡을 여러 번 듣고 올 때도 있었다. 슬픈 나팔 소리가 끝나면 숲 속에서 뻐꾸기가 화답하듯이 울어줄 때도 있다. 산길을 내려오면서 푸른 잔을 찾아서 아버지의 묘소에 넣어 드리고 싶다는 생각도 가끔 한다. 천마총에서 푸른 잔을 본 후에는 더욱 그러했다.

푸른색은 사람들에게 희망을 주는 색이다. 푸른 하늘도 그렇고 푸른 바다도 그렇다. 그러나 나에게는 푸른색이 아버지를 그리는 그리움의 색이 되었다. 그래서 푸른색 앞에서는 나도 모르게 울적해 하기도 한다.

우리 집 여기저기에 크고 작은 푸른 잔들이 놓여 있다. 손님이 오면 푸른 잔이 많은 이유를 묻지만 나는 대답할 수가 없다.

아버지 사진을 농 속에 넣어두고 가끔 꺼내 보시는 팔순의 어머니도, 옛날 어느 날 밤 아버지 등에 업혀 바라보던 어린 딸의 푸른 잔 사연을 알지 못하시리라.

꿈의 콘서트

1. 꿈의 콘서트

겨울 햇빛이 운동장에 눈부시게 쏟아지는 오후, 강원도 산골 마을 어느 초등학교 분교에 동네 사람들이 모여든다. 그들은 모닥불을 운동장 여기저기 피워 놓고 가마솥을 걸기도 한다. 모닥불이 활활 타오를 때쯤 작은 트럭이 달려와 운동장에 피아노를 내려놓는다.

어디에선가 젊은이가 걸어와 피아노 앞으로 간다. 그의 얼굴은 소년처럼 해맑은데 그를 본 분교 아이들이 반갑게 달려와 피아노 둘레에 모이고 바로 그의 피아노 반주에 맞추어 동요

〈우리 모두 숲 속을 걸어요〉를 합창한다. 그 노래는 운동장을 지나 산속으로 들어가고 산을 지나 동네 안으로 퍼지는데 모닥불 연기도 노래를 따라 교문 밖으로 산으로 동네로 같이 날아가고 있다.

작곡가 겸 피아니스트인 이루마는 다섯 살에 피아노를 처음 시작했으며 열한 살에 영국으로 이민을 갔다. 그곳에서 음악 공부를 하고 연주가로 성공하여 일 년이면 사십여 차례 해외공연을 하는 유명한 피아니스트가 되었다.

그런 그가 틈만 나면 고국으로 돌아와 산골마을의 어린이들에게 '꿈의 콘서트'를 열어주고 있는 것이다. 음악을 알지 못하는 아이들을 위하여, 문화를 모르는 아이들에게 깨우침을 주기 위하여, 누구라도 피아니스트가 될 수 있다는 꿈을 갖게 해주기 위하여라고 한다.

가마솥에서는 보리차가 끓고 모닥불에서는 고구마가 익어가는데 그는 손이 추위로 굳어질까 봐 티셔츠 소매 끝을 손등까지 내리고 피아노를 연주하기 시작한다. 청중은 분교 아이들과 그 부모들 그리고 나이 든 이웃 동네 분들뿐이다.

자기가 작곡한 〈꿈〉과 〈달콤한 비〉 그리고 〈오월이 오면〉을 연주한다. 하늘을 올려다보다가 아이들의 얼굴을 바라보면서 하늘에 닿을 듯한 영혼이 울리는 소리를 낸다. 조명등이 아니라 높이 뜬 해가 그의 피아노 건반을 환하게 비치고 있다.

음악 한 곡이 끝나면 아이들은 보리차를 가져다 피아노 위에 놓아 주기도 하고 막 구운 고구마를 호호 불며 놓고 간다. 다음에 이 마을에서 저 아이들 중에 또 다른 이루마 같은 피아니스트가 생겨날지도 모르는 일이다. 이 음악회를 통하여 감성이 눈 트이고 예술성이 자라서 작곡가, 시인, 화가라는 예술가가 태어날지 누가 알겠는가?

음악회가 끝나고 아이들과 함께 고구마와 찐 옥수수 그리고 보리치로 운동장 한가운데에서 파티를 여는데 드레스는 없어도 화려하고 차린 것은 없어도 만찬이다.

그가 떠나려고 아이들 손을 하나하나 잡아 주니 아이들은 섭섭하여 눈물을 보인다. 그는 분교에는 자기가 연주한 피아노를 선물하고 아이들 열 명 모두에게는 멜로디언 하나씩을 주고 다음에 올 것을 약속하고 돌아선다. 아이들과 학부모들은 그의 차가 보이지 않을 때까지 오래 서서 손을 흔들어주고 있다.

2. 어느 산골 소년의 슬픈 사랑 이야기

풀잎 새 따다가 엮었어요
예쁜 꽃송이도 넣었구요
그대 노을빛에 머리 곱게 물들면
예쁜 꽃 모자 씌어 주고파
흐르는 냇물 위에 노을이 분홍빛 물들이고

어느새 구름 사이로 저녁달이 빛나고 있네
노을빛 냇물 위엔 예쁜 꽃 모자 떠나가는데
어느 산골 소년의 슬픈 사랑 이야기.

이 노래는 예민이라는 가수가 작사 작곡하고 부른 노래이다. 그 가수는 〈어느 산골 소년의 슬픈 사랑 이야기〉라는 노래로 유명해지자 바로 전국의 산골 아이들을 찾아다니며 '분교 음악회'를 일 년 내내 자기 비용으로 여는 가수이다. 기타 하나 들고 아이들 선물 사들고 한 학교에 다섯 명이나 열 명이 있는 분교 교실에 앉아 아이들에게 꿈을 심어주고 있다. 어느 때는 최전방 부서진 탱크 옆 달개비 꽃이 흐드러진 곳에 앉아 아이들과 노래를 부르고, 어느 때는 눈 내리는 교실 창가에 둘러앉아 펑펑 내리는 눈을 바라보며 아이들과 노래를 부른다.

어느 곳이든 두메산골의 아이들은 그를 모르는 아이가 없다고 한다. 동요도 같이 부르고 민요도 같이 부르고 감자나 호박떡을 나누어 먹으며 같이 뛰고 달리기도 한다. 추운 겨울이나 더운 여름에도 그가 올 때쯤이면 아이들은 언덕에 앉아서 그가 가르쳐 준 노래를 부르며 그를 기다리고 있다.

분교 아이들 중에 농사일을 돕느라 음악회에 빠지는 아이가 있으면 저녁때에는 아이들의 손을 잡고 노래를 부르며 그 아이의 집을 찾아간다. 삽살개도 따라가는 고개 마루에는 작은 풀들도 노을에 물들어 붉은데 그들이 부르는 노래는 바람 따라 먼저 그집에 도착했는가 저기 아이가 반가워 달려 나온다.

문화적으로 혜택을 못 보는 곳을 찾아가 예술의 감각을 트이게 하고 감성을 길러주는 봉사를 '메세나(mecenat) 운동'이라고 한다. 로마제국의 정치인이자 시인이던 마에게나스라는 사람이 문화예술을 보호하고 지원하며 문화의 혜택을 받지 못하는 이들에게 인도적으로 지원한 데서 유래된 사업을 이르는 말이다. 외국에는 그런 봉사 활동을 하는 사람들이 엄청난 숫자인데 우리나라는 큰 회사가 자금을 대며 하는 도시의 몇몇 문화사업뿐이다. 그러나 이렇게 깊은 뜻을 지니고 홀로 찾아다니며 문화적 지원을 하는 젊은 예술가들이 있어 우리 아이들의 미래를 밝혀주고 있다.

우리의 〈아리랑〉을 세계에 알리며 연주활동을 하다가 틈만 나면 돌아와 산골 학교 운동장에서 피아노를 연주하는 이루마와, 자기를 위한 화려한 음악활동을 접은 채 전국의 분교를 찾아가 아이들과 함께 노래하며 살아가는 예민은 산골 아이들에게 꿈을 찾아 주는 자랑스러운 마에게나스이다.

나는 그들의 음악을 자주 듣는다. 그들이 여는 작은 음악회가 잔물결처럼 잔잔히 멀리멀리 퍼져나가기를 기원하는 마음으로 두 사람의 노래를 듣고 있다. 아마 그들은 지금 이 시간에도 어느 두메산골 분교의 운동장이나 교실에서 아이들에게 꿈의 콘서트를 열어주고 있을지도 모른다.

책이 있는 풍경

여기는 캐나다의 밴쿠버, 이곳에 머물게 된 지도 한 달이 넘었다.

저녁때가 되면 늘 창가에 서서 바다 위의 하늘이 온통 황금색으로 변하는 노을을 바라본다. 이 나라는 넓은 대지에 자연까지 아름답다. 해가 바다 속으로 사라질 때쯤 길 건너 이층집에는 언제나 불이 켜지고 불이 켜지는 순간 보이는 그집 풍경은 언제나 백발의 노부부가 책을 읽고 있는 모습이다.

노부부는 소파에 등을 기대고 나란히 앉아 책을 읽고 있다. 책장을 넘기는 것 외에는 조금의 움직임도 없어 꼭 어디에 걸려 있는 그림을 보는 느낌이다. 어느 날은 붉은색 옷을 입고 있고 어느 날은 흰색 옷을 입는 옷 색깔만 다를 뿐 자정이 넘도록 노인 내외의 독서하는 태도는 변함없이 한결같다. 거실에는 탁자 위에 스탠드 두 개를 양옆에 놓고 불을 밝히고 있을 뿐 아무런 장식품이 없다. 황혼이 잠시 바다에 머무는 시간에 보이는 노부부의 책 읽는 모습은 르누아르의 명작 〈책 읽는 여인〉보다 더 아름답다.

이곳에 와서 나를 놀라게 하는 것은 무엇보다도 모든 사람들의 독서하는 모습이다. 밴쿠버 공항에 도착하여 입국 수속을 하느라 긴 줄 따라서 한 시간 동안 기다리는데, 금발의 여인도 찢어진 청바지를 입은 젊은 사람도 줄을 따라가며 그 시간 내내 서서 책을 보고 있는 것을 시작으로 책 읽는 풍경은 어디에서나 볼 수 있었다.

공원으로 소풍을 갔을 때였다. 요트가 지나가는 평화로운 바닷가 파란 잔디밭에는 햇빛을 받으며 엎드려 책을 읽고 있는 젊은 연인들이 많았다. 연인들은 책을 보다가 가끔 서로 눈을 마주치면서 싱긋 웃는다. 그런 정경이 얼마나 좋아보이던지 먼 벤치에 앉아서 오래 그들을 바라보기도 했다.

공원 안쪽 키가 큰 나무 옆에 휠체어가 놓여 있기에 가까이 가 보니 그늘 아래에서 나이 든 여인이 두꺼운 책을 들여다보고 있지 않은가. 옆에는 샌드위치 바구니와 음료수가 놓여 있다. 몸이 불편한 어머니를 여기까지 모셔다 놓고 자녀들은 바닷가를 달리며 운동을 하고 있을지도 모른다.

어느 때는 노천카페에 앉아 천천히 커피를 마시며 책을 읽는 노신사에게 다가가 무슨 책을 읽고 계시나요? 하며 인사라도 하고 싶었지만 그대로 지나왔고, 그 옆에 큰 배낭을 탁자 밑에 밀어 놓고 커피도 없이 초라하게 앉아 독서에 빠져 있는 노숙자에게는 한 잔의 커피를 사서 조용히 탁자 위에 놓고 오고 싶었는데 그것도 하지 못했다.

내가 묵고 있는 아파트 정원에서도 노인들이 벤치에 앉아서 독서하는 것을 보는 것은 흔한 광경이다. 그런 그들의 모습은 늘 거기에 있는 풍경처럼 자연스러워 보인다. 그래서 어느 날은 나도 책을 들고 나가서 그들 곁에 앉았다. 햇볕은 따스하고 책 속의 글자와 내용은 달라도 눈으로 인사 나누며 오랜 시간 같이 읽고 있었다. 이곳 사람들이 환한 미소로 편안하게 지내며 품위 있게 나이 들어가는 것은 책을 통해 얻은 지혜 때문이 아닌가 하는 생각이 든다.

어느 분이 외국에 유학 다녀와서 서양 아이들은 초등학교 때 ≪발자크≫를 읽고 중학교 때 ≪스피노자≫를 읽을 그때 우리는 무엇을 하고 있었던가 하며 한탄하는 소리를 들은 적이 있다. 서양 사람들은 아이들이 어렸을 때부터 독서에 치중하게 하며 책 속에는 지식과 지혜가 모여 있다고 이르고 책 읽는 것을 적극적으로 생활화시킨다. 그런 지식들을 어렸을 때부터 받아들여야 봄날 씨앗들이 땅속에 박히듯 머리에 쏙쏙 심어지고 지혜를 터득해 가며 어른으로 커간다고 믿기 때문이다.

그러나 지난날에 우리 아이들이 책은 읽지 못했다 하더라도 할아버지 할머니가 들려주던 옛날이야기가 있지 않던가. 무릎에 앉혀 놓고 들려주던 그 수많은 이야기들이 책 못지않게 커가는 어린아이들에게는 지혜를 주었으며 정서를 키우는 데에 큰 몫을 해주었다고 믿고 싶다고 그분을 위로해 주었다.

미국의 명문대학에 가는 학생들의 대부분은 성적도 물론 뛰어나지만 독서량이 많은 학생들이 합격한다. 그것도 고전을 읽어야 하고 괴테의 시나 셰익스피어 작품들을 줄줄이 외우는 학생들이 많다고 한다. 우리에게도 대학 합격자 중에 이규보의 시나 연암 박지원의 ≪열하일기≫ 같은 고전 소설을 읽고 외우는 학생들이 많다는 소식을 들을 날도 곧 오지 않을까 싶다.

요즈음 우리나라의 기업 최고 경영자들도 세계를 향해 발전해 나가며 불황을 이겨내기 위하여 철학, 문학, 역사 같은 인문학과 특히 노자, 장자 등 고전 읽기에 열중한다고 들었다. 시대가 바뀌고 기존의 경영 패러다임이 무너지면서 철학적 사유를 통해 인간과 삶의 원점, 즉 근본으로 돌아가 해법을 찾기 위해서 고전 읽기를 시작한 것이라고 한다.

이곳을 떠나면 이 나라에서 본 아름답고 좋은 자연 환경보다 책을 읽고 있는 여러 가지 모습들이 더 그리울 것 같다. 저녁나절 불빛 사이로 보이던 책 읽는 노부부, 바닷가 잔디 위에 책과 함께 나란히 엎드려 있던 풋풋한 젊은 연인들, 공원 그늘에서 휠체어를 세워 놓고 글을 읽던 초로의 여인, 그리고 햇빛을 받으며 아파트 정원 꽃 옆에 앉아서 독서를 하던 자연과 잘 어울리는 할머니들을 어찌 잊을 수가 있을까?

나도 내일 집으로 돌아가는 비행기에서 읽으려고 몇 권의 책을 가방에 넣는다. 내 노후의 꿈은 이제 밴쿠버의 노부부처럼 책과 함께 나이 들어가는 것이다.

아름다운 바다와 황홀한 노을은 없을지라도 탁자 위에 스탠드를 켜놓고 밤늦도록 그 자리에 그림처럼 앉아 책을 읽는 사람이 되고 싶다.

야구경기를 보며

토요일 오후 맥주 한 잔 기울이며
야구 중계방송을 본다
어차피 승패에는 관심 없어 딴 생각
지금은 길게 비쳐드는
가을 햇살에 눈이 부시다
아, 아깝습니다. 잘 맞았는데 야수 정면에……
그래 이제는 저 가을 햇살을 용서해야 하리
나도 용서해야 하리
비 맞은 듯 이제는 걱정 없는 몸이
차가운 맥주 한 잔에 눈물 어리는데
아, 페어입니다. 2루타성 유격수 달려갑니다
주자 2루 돌아 3루…3루…아아…

아웃입니다 아웃
그래 잘 가거라 청춘이여 안녕

시인의 이름은 잊었지만 내가 야구 경기를 보려고 하면 꼭 이 시가 먼저 떠오른다. 그 중에서도 제일 좋아하는 구절이 있다. 아, 페어입니다. 2루타성 유격수 달려갑니다. 주자 2루 돌아 3루…3루…아아…아웃입니다. 아웃, 그래 잘 가거라.

오늘은 궂은비 내리는 토요일 저녁, TV로 보여주는 이웃 나라 일본 도쿄에 있는 돔 야구장은 불빛이 화려하다. 벌써 4회 말인데 내가 응원하는 요미우리 팀이 3대 1로 이미 지고 있었다. 투 아웃에 3번 타자인 덩치 큰 미국 선수는 안타를 치고 2루에 나가 있는데 그 팀에서 뛰고 있는 우리나라 이승엽 4번 타자는 쓰리 볼에 투 스트라이크 풀 카운트에 몰려 있다. 치든지 아웃당하든지 해야 하는 절명의 순간 나는 늘 그렇듯이 주방으로 물을 가지러 간다. 조마조마한 마음에 도저히 볼 수 없기 때문이다.

아! 하는 해설자의 탄식 소리가 들리며 높이 뜬 공이 외야수의 손에 들어가고 그는 아웃되어 물러났다. 잔루 주자도 힘없이 들어오고 그는 아쉬운 듯 공이 지나간 허공을 뒤돌아보며 덕 아웃으로 들어간다. 괜찮아! 힘내라! 이제 경기 중반인데 앞으로 잘하면 되지! 나는 서서 그에게 중얼거린다.

어느 투수든 상대 타자가 마음놓고 치라고 좋은 공을 절대로 주지 않는다. 던지는 그 공 하나에는 몇 년 동안 연습한 고통이 묻어 있고, 다시 보고 또 보며 연구한 상대팀 타자의 단점이 새겨져 있으며, 온종일 땡볕에서 변화구를 던지려고 손가락의 모양새를 바꾸며 땀 흘린 훈련으로 만들어낸 비법이 들어 있기 때문이다. 어두운 밤 홀로 수백 개의 공을 던지며 승부를 가르려한 집념이 담겨 있는 공이기도 하다. 타자라고 늘 안타만 칠 수 있는가. 땅볼로 아웃될 수도 있고 병살타로 무너져야 할 때도 있다. 그러나 그 아웃 볼 하나하나가 나중에는 경험이 되고 쓴 약이 되어 2루타도 홈런도 칠 수 있는 것이다.

누구는 야구를 또 하나의 인생이라고 했다. 나도 야구경기를 보면서 인생살이와 이리 같을까 늘 생각한다. 혼자 하는 경기가 아닌 것도 그러하고 자신을 버리고 팀을 위해 온몸을 던지는 것도 그렇다. 그 안에는 서로 자기 자리에서 자기 몫을 지키는 책임이 있고 협심하여 이루는 공동체가 있으며 피나는 노력이 있고 열정이 있으며 야구세계에서도 지켜야 할 법도가 있기 때문이다.

투수판에서 홈플레이트까지의 거리가 18.44미터라고 한다. 그 거리에서 던지는 공 하나하나에서 스트라이크가 나오고 볼이 나오고 번트가 나오고 데드볼이 나오며 홈런이 나온다. 그 거리는 기쁨과 고통 환호와 좌절 그리고 탄생과 죽음이 있는 거리인 것이다.

인생살이 우리들도 짧은 평생을 살면서 그 거리 안에서 자신에게 오는 공을 받아서 치며 기쁨과 고통 환호와 좌절을 야구경기처럼 겪으면서 살다가 가는 것이다. 태어나서 떠나갈 때까지의 거리가 투수판에서 홈플레이트 거리보다 더 길다고 하여 좋은 일만 많을 것이라고 말할 수 있겠는가. 빨리 이루고 싶다고 1루에서 2루를 건너뛰고 3루로 갈 수도 없는 것이 야구이며 우리의 삶이다. 각 베이스마다 지키고 서 있는 수비수를 제치고 통과할 수 있는 것은 인생에서도 야구에서도 오직 노력과 성실과 실력뿐이다.

아직도 비는 내리는데 야구경기는 어느새 훌쩍 9회 말이다. 점수는 여전히 3대1로 밋밋한 경기 운영이다. 다시 이승엽 선수 차례가 왔다. 앞에 나온 세 타자가 모두 안타로 진루해 있어 만루 상태이다. 좋은 기회인데도 내 가슴은 두근거리기 시작했다. 다시 물을 가지러 냉장고 앞으로 간다. 이번에는 얼음물이다.

투 스트라이크! 노볼! 이제 한 번만 헛치면 아웃으로 물러나고 팀은 질 것이 분명하다. 관중들은 노란 손수건을 흔들며 '이승엽!'을 연호하고 감독은 덕 아웃에 서서 목석처럼 표정이 굳어 있다. 긴장감으로 돔 안은 팽팽한 기운이 돈다. 탁! 소리도 경쾌했는데 파울 볼이다. 관중석에서 파울 볼을 잡아낸 사나이는 카메라에 대고 손을 높이 쳐든다. 저런 것을 인생에서는 운수 좋은 날이라고 할 것이다.

이제 마지막 타격이다. 투수의 공이 직구로 날아간다. 변화구를 던져서 승부를 내겠다며 던진 투수의 공이 그만 실투를 한 것 같다. 아, 높이 쳤습니다. 갑니다, 갑니다, 갔어요, 만루 홈런입니다. 굿바이 홈런입니다. 중계하는 아나운서의 목소리가 하늘 높다. 나도 덩달아 일어나 박수를 보낸다. 그래, 잘했어 잘했어! 당신 멋지다!

그렇게 해서 야구 경기는 지던 팀의 역선승으로 끝이 났다. 늦은 나이에도 원하던 꿈이 꿈꾸듯 이루어지는 인생처럼 질 것 같던 경기가 이길 줄을 누가 어찌 알았겠는가. 그래서 야구는 9회 말 투아웃 이후부터가 시작이라 했고 인생은 육십부터 시작이라고 했는지도 모른다.

어제 이긴 팀이 오늘은 지고 오늘 이긴 팀이 내일은 질 수가 있는 것이 야구경기이다. 영원한 승자는 없다. 그날 그 시합에 선수로서 최선을 다하여 경기에 임하는 것뿐이다. 시즌이 마무리될 때에야 그 팀과 그 선수에 대한 종합평가가 이루어진다.

인생에서도 그 사람의 생이 끝나야 그에 대한 평가를 할 수 있다. 9회 말 투 스트라이크에서도 홈런을 치는 야구처럼 아직 남아 있는 인생경기에서도 어려운 상황을 넘고 고통의 담장을 넘기는 홈런의 기회는 언제나 있기 때문이다. '그는 누구보다도 훌륭한 인생을 살았다.'는 칭송을 들으며 무엇보다 값진 사람들의 감사장을 가슴에 안고 세상을 떠나는 굿바이 홈런도 아직 남아 있지 않던가.

경기가 끝나고 방송 인터뷰를 하려고 단상에 오른 자랑스러운 우리나라 선수는 마이크에 대고 도쿄 돔의 4만 명 일본 관중석을 향해 크게 소리친다.

"기분 좋은 날입니다!"

그래, 모두의 경기가 모두의 인생이 기분 좋은 날들이기를 바라보자. 그리고 끝까지 달려가자! 내 손에는 어느새 맥주 캔이 높이 들려 있다.

향기를 찾아서

오늘도 남편은 배낭을 둘러메고 새벽에 길을 떠났다. 충청도 어느 마을에 있다는 장터를 찾아가는 것이다. 그곳에 가면 좋은 누룩을 파는 한 노인이 있다고 들었기 때문이다. 장터를 돌다가 오는 그의 배낭 속에는 누룩이 들어 있을 테고, 다음에 찾아갈 시골 장터의 이름이 적힌 쪽지도 들어 있을 것이다.

남편에게는 소망이 하나 있다. 맛과 향이 뛰어난 술을 만드는 것이다. 사람들이 즐겨 마시는 술에는 종류에 따라 독특한 향이 있는데, 그 향은 꽃의 향기처럼 다채롭고 여느 향기와는 달리 오묘함이 깃들어 있다고 한다. 그가 만들고 싶어하는 술은 우리나라 전통 술이다.

술은 인류의 역사와 함께 시작되었다고 전해온다. 어느 나라 어느 곳을 가도 그 지방에서 나는 특이한 재료로 향이 좋은 술을 만들어 즐기는 것을 볼 수 있다. 때문에 술의 문화는 그 집안의 문화이고 그 지방의 문화이며 그 나라의 문화라고 말한다.

남편이 어렸을 때에 시아버님께서는 시골에서 양조장을 운영하면서 집에서는 민속주를 직접 빚으며 맛과 향이 뛰어난 술을 만들려고 고심하셨다고 한다.

남편은 술을 즐기는 편은 아니다. 한두 잔에 얼굴이 붉어지고 서너 잔을 마시면 잠이 들 때도 있다. 그래서인지 술 만들기에는 관심이 없더니 나이 지긋해지자 아버님께 향이 좋은 술을 만들고 싶다고 말씀드렸다. 당신이 하시던 일에 대를 잇겠다는 자손이 없어 양조장도 처분하신 아버님은 깊숙이 넣어 두었던 손때 묻은 온도계와 알코올 도수를 재는 비중계를 꺼내 주시며 기뻐하셨다.

그는 종이를 펴놓고 아버님께 좋은 술 만드는 비결을 여쭈었다.

"반생반숙半生半熟하고 불한불열不寒不熱하여라"

아버님은 이 한 마디만 일러주셨을 뿐이다. 뜻을 헤아려보니 술밥을 지을 때는 반은 설고 반은 익도록 하라는 뜻이고 발효 조건은 차지도 덥지도 않게 하라는 뜻이었다. 불한불열의 온도가 몇 도쯤 되느냐고 다시 여쭈어 보니 "동짓달에는 나뭇간 바닥에 묻어 두었다." 하신다.

물건 하나를 만들어도 계산자로 계산하고 줄자로 재며 만들어야 하는 꼼꼼한 그에게 반생반숙의 술밥 익히기와 동짓달 나뭇간 바닥 같은 불한불열의 온도 찾기는 인내심과 노력이 필요한 과정이었다. 술 담기는 실패하고 또다시 담고 하기를 수없이 반복해야 했다.

어느 정도 익숙해지자 이제는 좋은 누룩을 찾아 시골장터를 찾아다닌다. 마음에 드는 누룩을 구해오면 우리 집은 부산해지기 시작한다. 누룩을 돌절구에 넣어 빻는다. 물맛이 좋은 경기도 포천에 가서 물을 길어 온다. 반은 설고 반은 익게 술밥을 찐다. 술 담을 항아리를 닦아서 햇볕에 말린다. 이런 여러 가지의 일을 하루에 끝내야 하기 때문에 집안은 분주하기 그지없다.

술을 담글 때에는 꼭 지켜야 할 규칙이 있다. 좋은 쌀로 알맞게 익힌 술밥과 질 좋은 누룩, 맛이 좋은 물과 깨끗한 항아리, 그리고 정결하게 다루는 정성과 알맞은 온도이다. 그 중에서 한 가지만 소홀해도 맛과 향이 좋은 술이 될 수 없기에 하나하나에 정성을 다하여야 한다.

그러한 과정을 지나 모든 재료가 항아리에 들어가면 그 항아리는 시아버님이 물려주신 온도계를 달고, 동짓달 나뭇간 바닥 같은 온도를 찾아 하루에도 여러 번 안방에서 거실로 옮기고 앞 베란다와 뒤 베란다로 옮겨 다녀야 한다.

남편이 출근을 하면 술항아리 옮기는 것은 내 몫이 된다. 어느 때는 귀찮아서 온도가 올라가도 모른 체하기도 하고 힘들다고 투정을 하였더니 화가 난 그가 술항아리를 차에 싣고 출근한 적도 있다. 그는 연구실 한구석에 술항아리를 놓고 온도가 올라가나 내려가나 보느라 온종일 일을 하지 못했다며 그날 퇴근할 때 다시 들고 돌아왔다.

그렇게 해서 술이 익어갈 때쯤 다시 2차 담금을 해야 한다. 그때는 찹쌀가루를 익혀서 누룩과 함께 먼저 담은 술에 섞는 것이다. 그리고 그 술이 익어 가면 2차와 같은 방법으로 3차 담금을 또 한다. 술은 여러 번 나누어 담을수록 맛과 향이 좋아지기 때문이다. 그리고 열흘쯤 지나 술 익는 향이 집안에 가득해지면 그는 겸허한 자세로 앉아 항아리 뚜껑을 열고 술을 거른다.

술은 곰팡이에 의한 절묘한 변화이다. 그 변화를 지켜보며 정성을 다하여 만들었으나 시아버님이 "아니다." 한 말씀만 하시면 그 술은 모두 버려지고 다시 술밥을 찌고 누룩을 절구에 넣으며 묵묵히 그 일을 다시 시작한다.

남편은 왜 그렇게 어려운 술을 만들려고 할까? 어린 시절이 그리워서일까, 아니면 석류나무가 많았던 양조장 마당에서 뛰어 놀며 맡았던 술 향기에 대한 그리움인가. 가끔 물어도 대답이 없다.

그는 어쩌면 자기가 원하는 술의 향기를 찾지 못할 수도 있다. 그러나 사람들 마음속의 향기는 물론이고 자연에서 나는 향기들도 점점 사라져가고 있는 때에, 향기로운 것을 찾으려고 하는 그 과정이 더 향기로운 것은 아닐까 하는 생각도 해 본다.

남편은 더 나이가 들면 시골에 내려가 술을 빚으며 살겠노라고 한다. 그가 술항아리 옆에서 온도계를 들여다보고 있으면 나는 무엇을 할까. 뒤뜰 앵두나무 옆에 작은 항아리 몇 개 묻어 놓고 봄이면 진달래꽃으로 두견주를 담고, 가을에는 국화주를 담으며 눈 내리는 겨울을 기다릴지도 모른다.

들길이 묻히도록 눈은 쌓이고 뒷산에서는 부엉이가 울어대는 날에 빚은 술까지 익는다면 그는 친구들을 부를 것이며 친구들은 먼 길을 마다하지 않고 달려와 겨울밤 긴 이야기로 술항아리를 비울 것이다.

밤이 깊은데도 남편은 아직 돌아오지 않는다. 좋은 누룩과 맑은 샘물을 찾아 떠난 길, 향기를 찾아서 떠난 여행이다.

지금쯤 그는 둥그런 누룩 한 덩이 등에 지고 우리네 인생살이도 뛰어나지도 뒤지지도 않게 반생반숙하며 살고, 함께 살아가는 사람들과도 차지도 뜨겁지도 않게 불한불열의 알맞은 정을 나누며, '동짓달 나뭇간 바닥 같은' 편안하고 따스한 마음으로 살겠다는 생각을 하며 집으로 돌아오고 있을 것이다.

아름다운 뒷모습

나는 세계적인 첼로의 거장 로스트로포비치를 좋아한다. 그가 들려주는 낮은 음의 첼로 소리도 좋아하지만, 그의 인품을 더 존경한다. 몇 년 전에 그가 보여준 무대에서의 모습을 보고 난 후부터이다.

어느 해 가을 저녁, 로스트로포비치의 연주회가 있어 우면산 밑에 있는 예술의전당에 갔었다. 이제는 노년에 이른 첼리스트, 그러나 그의 음악은 나이와 관계없이 여전히 훌륭했다. 바흐의 첼로 조곡을 마지막 곡으로 연주하고 일어나자 앙코르를 청하는 박수 소리가 예술의전당 음악당이 떠나가게 울렸다.

노老 음악가는 잠시 서 있다가 갑자기 의자를 돌려놓고 앉는다. 그리고는 객석의 청중들을 뒤로 한 채 앙코르곡을 연주하기 시작했다. 처음에는 의아해 하던 사람들이 나중에는 그 뜻을 알아차리고 그의 뒷모습을 바라보며 숙연히 음악을 듣고 있었다.

예술의전당 안쪽에는 많지 않은 좌석이 있다. 그곳은 오케스트라와 공연하는 합창단이 앉을 수 있도록 만든 합창석이다. 예술의전당 음악당의 객석표가 매진되었을 때는 청중석으로 이용하기도 하는 곳이다. 가격이 비싸지 않아 주로 학생들이 많이 이용한다. 그날도 그 자리에 앉아서 두 시간 가까이 자기의 등만 바라보며 음악을 들어야 했던 사람들을 배려해서 답례의 뜻으로 그렇게 연주한 것이다.

그는 첼로의 대가일 뿐 아니라 사랑이 많은 예술가였다. 앙코르곡이 끝났을 때 청중들은 환호했고, 음악가는 기립 박수를 보내는 뒤쪽의 사람들에게 정중히 고개를 숙인다. 음악회는 끝났지만 사람들은 움직이지 않는다. 노老 음악가의 모습을 더 보기 위해서이다.

지금까지 예술의전당에 와서 연주했던 많은 음악가 중에서 그렇게 뒤돌아 앉아 연주한 사람은 로스트로포비치 단 한 사람이라고 한다. 그가 그렇게 한 것은 즉흥적인 것이 아니라 겸허한 삶을 살고 있는 모습의 한 부분을 보여준 것이다. 그는 어려운 환경의 음악가를 돕는 일은 물론이고, 어린 천재들을 세계 곳곳에서 찾아내 키우는 데에 정성을 다한다. 우리나라의 천재 첼리스트 장한나도 그가 찾아내 키우고 있는 소녀이다. 성악가인 부인은 그런 인품에 반해 그를 만난 지 사흘 만에 결혼

했다는 일화도 있다.

로스트로포비치는 옛 소련 사람이다. 그러나 조국을 떠나 미국으로 망명하여 살고 있다. 그는 소련에서 음악 활동을 하면서도 꾸준히 민주화 운동을 했다. 또한 같은 뜻을 가진 작가 솔제니친을 자기 집에 숨겨주며 계속 작품을 쓰도록 도와주었다. 그 사실을 알게 된 소련 정부의 추적이 시작되자 솔제니친을 미국으로 먼저 보내고 그도 뒤따라 소련을 떠났다. 소련정부는 그들의 시민권을 박탈하고 추방을 선언하며 귀국을 허용하지 않았다. 조국은 있으나 갈 수 없는 조국이었다. 강산이 두 번이나 변하는 20년을 다른 나라에 살면서 그는 조국을 향해서 늘 외쳤다고 한다.

"내 가슴은 그곳에 있다."

베를린 장벽이 무너지고 독일이 통일되던 날, 로스트로포비치는 첼로를 들고 달려가 무너진 장벽 앞에서 축하의 연주를 했다. 장벽은 없으나 돌아갈 수 없는 조국을 그리며 눈물을 흘리는 그에게 독일인들은 격려의 박수를 끝없이 보냈었다.

그런데 머지않아 로스트로포비치가 조국 러시아로 돌아가게 되었다. 세월이 흘러 그곳에도 정치적인 변화가 왔기 때문이다. 그는 서방세계의 명성, 자기를 따르며 존경하는 음악인들, 그리고 수많은 제자들을 뒤로 하고 조국으로 돌아갈 뜻을 밝혔다. 연주자는 있으나 악기가 낡아 좋은 음악을 연주할 수 없는 곳, 음악을 사랑하나 그것으로 생활하기가 어려워 음악을 떠나는 사람이 많은 조국 러시아로 그가 돌아간다. 고희古稀를 넘긴 노老 음악가가 이제 그들에게는 등불이 될 것이다. 동포들은 환영하고 음악인들은 모여들고 젊은 음악인들은 꿈을 키우며 살 수 있다. 그에 의해서 또 하나의 거장이 러시아에서 탄생할지도 모른다.

그는 얼마 전 파리의 남서쪽 베즈레이라는 작은 마을에 있는 오래된 성당에서 바흐의 무반주 첼로 모음곡을 녹음했다. 자기 음악인생에 큰 영향을 준 바흐의 곡을 들고 고국으로 돌아가기 위해서이다. 전원 풍경이 아름다운 곳에 있는 성당 안에 울려 퍼지는 깊고 은은한 첼로의 음이 들리는 듯하다. 그 음악에는 바흐의 음악성과 함께 그가 살라온 지난날들, 오랫동안 가볼 수 없었던 조국, 그리고 평생 사랑했던 모든 이들의 모습까지도 함께 들어 있을 것이다.

오랜 세월이 지난 후, 러시아 고향집 벽난로 옆 흔들의자에 앉아 있는 로스트로포비치를 상상해 본다. 무릎에는 담요를 덮고 앉아 자기가 녹음한 바흐의 첼로 곡을 듣는 모습이다. 그는 음악을 들으며 무엇을 생각할까. 젊은 날의 민주화 투쟁, 망명, 세계적인 명성, 그가 키운 제자들 그런 것을 생각하리라. 그러나 그보다는 다시 찾아온 조국의 눈 덮인 산하, 집 앞에 서 있던 느티나무 가지에 불던 바람까지도 사랑했던 어린 시절의 고향, 그리고 다시 볼 수 없는 어머니를 더 그리워할 것이다. 훌륭한 예술가도 평범한 사람도 삶의 긴 여정을 마치고 돌아가 쉬고 싶은 곳은 조국과 고향과 어머니의 품이 아닐까.

"내 가슴은 그곳에 있다."라고 외치며 조국의 하늘 쪽을 바라보며 살다가 이제는 그곳으로 돌아가는 무스티 슬라프 로스트로포비치.

나는 그를 좋아한다. 그가 들려주던 첼로 소리도 좋아하지만, 그가 살아온 삶을 더 존경한다. 그리고 몇 년 전 예술의전당 무대에서 보여준 그의 뒷모습을 잊을 수가 없다.

그해 겨울

그날은 아침부터 함박눈이 퍼부었다. 부엌 옆에 서 있는 키 큰 대추나무는 눈을 뒤집어쓰고 장승처럼 서 있었고 장독대 옆 석류나무도 눈의 무게 때문에 가지가 휘어져 있었다.

저녁나절, 나는 마당 가운데에 놓인 새 덫의 끈을 잡고 마루 끝에 앉아 울고 있었다. 지게에 얹은 싸리나무 발채에 부지깽이를 고여서 만든 새 덫에는 참새들이 들락거리며 모이를 먹고 있으나 끈을 잡아당기지는 않았다. 옆에는 할아버지와 할머니가 쏟아지는 눈발을 근심스럽게 바라보며 아이의 울음이 그치기를 기다리고 계셨다.

그때, 직장 때문에 충청도로 내려가야 했던 부모님은 할아버지와 할머니만 계시는 집안이 너무 적적하다고 초등학교 4학년인 나를 떼어 놓고 충청도로 내려가 있었다. 나는 오래지 않아 부모님 곁으로 돌아갈 것이라 생각하여 조부모 밑에서 귀여움을 독차지하며 학교에 다녔다.

할아버지 댁에서 학교에 다닌 지 얼마 되지 않아서였다. 어느 날 저녁 무렵, 먼 산 너머에서 불길이 붉게 타오르는가 싶더니 포 쏘는 소리가 들렸고, 한밤중에 탱크를 앞세운 군인들이 동네로 몰려왔다. 6·25전쟁이 일어났던 것이다. 집이 컸던 우리 집은 인민군의 본부가 되었다. 총을 멘 군인들이 득실거리는 것이 무서워 할머니 치맛자락만 붙들고 다녔다. 밤이면 소년티를 벗지 못한 어린 인민군들은 몰래 뒤뜰 감나무 밑에 앉아 별이 뜬 하늘을 올려다보며 울기도 했다. 가족이 그리워 우는 어린 소년들을 할머니는 안쓰러워 등을 두드려 주고는 하셨다.

여름이 지나자 서울이 수복되면서 인민군들은 썰물처럼 우리 집에서 빠져나갔다. 집은 다시 예전처럼 고요했으며, 다시 겨울이 돌아왔다. 그리고 눈이 내리던 그날은 아랫동네에서 살던 할머니의 장례식 날이었다. 하얀 옷을 입은 사람들이 상여를 메고 눈 내리는 산을 오르고 있었다. 나는 대문에 기대서서 그 행렬을 보고 있다가 갑자기 그동안 볼 수 없었던 엄마도 저렇게 산속으로 가버리면 어쩌나 싶었다. 두려움과 함께 울음이 복받치었다. 곧 데리러 온다며 떠난 엄마는 전쟁 때문에 오지도 못했고, 우리 또한 갈 수도 없었다. 나는 동네 입구 은행나무 아래에서 날마다 부모님을 기다리곤 했었다.

그날 할아버지는 대문 앞에서 막무가내 엄마를 부르며 우는 손녀를 데리고 들어와 새 덫을 만들어 마당 가운데 놓고 그 끈을 손에 쥐어주었다. 여느 때는 그런 것은 사내아이들이 하는 것이라며 놓아주지 않던 새 덫이었다. 그래도 나의 흐느낌은 그치지 않았고, 두 분은 서글픈 심정으로 마루 끝에서 손녀의 울음이 그치기를 기다리고 계셨던 것이다.

밤이 깊어도 눈은 계속 내리고 나는 여전히 마루 끝에 앉아 있었다. 그때 누군가 대문 안으로 들어왔다. 털목도리로 얼굴을 가리고 들어온 사람은 눈으로 덮인 두툼한 옷을 입고 등에는 짐을 지고 있었다.

아직 전쟁은 끝나지 않았고 동네에는 미군들이 주둔하고 있어 여자들도 남장을 하고 다니며 조심하던 때였다. 그런데 저 사람은 누구일까? 나는 목도리를 풀어 눈을 터는 사람을 바라보고 있었다. "어미야!" 갑자기 할머니가 맨발로 뛰어 나가며 부르시었다. 엄마가 오셨던 것이다. 그렇게 보고 싶던 엄마가 온 것을 알고 나는 다시 크게 울기 시작했다.

어머니는 내가 걱정이 되어 전쟁으로 통제된 길을 피해서 혼자 올라오셨던 것이다. 충청도에서 서울까지는 트럭을 빌려서 타고 오고 서울에서 양주까지는 사흘 밤낮을 걸어 오셨다고 했다. 검정고무신은 새끼줄로 여러 겹 묶여 있었고 발은 동상으로 부어 있었다.

어머니는 등에 지고 온 배낭에서 흰 무명옷을 꺼내 입고 할아버지 할머니께 큰절을 올렸다. 아버지가 전쟁 중에 전사하셨다고 하였다. 할머니는 자리에 누우시고 할아버지는 사랑채에만 앉아 계시며 말씀을 잃으셨다.

얼마 후 다시 공산군이 몰려오고 1·4후퇴가 시작되었다. 이번에는 꼭 피난을 떠나야 한다고 동네 사람들은 짐을 꾸리고 있었다. 우리에게는 곧 차를 보낼 테니 기다리고 있으라는 전갈이 왔다. 어머니가 전쟁터를 누비며 딸을 찾아 떠난 것을 알고 충청도로 피난 간 외가에서 급히 보낸 사람이었다. 며칠 후 차가 우리를 데리러 왔을 때, 어머니의 간곡한 청에도 할아버지와 할머니는 그대로 고향에 남겠다고 하셨다. 어머니는 두 분께 작별 인사를 올렸고 할머니는 이것이 마지막이 될지도 모른다며 맞절을 하셨다.

고향을 떠나는 날 아침에도 함박눈이 내리고 있었다. 할머니는 어머니의 손을 놓지 않으셨고, 할아버지는 품에서 차마 손녀를 떼어낼 수 없어 주저하는 것을 본 운전기사가 끝내는 내 손을 잡아끌고 나와서 차에 태웠다.

차를 타고 가면서 뒤를 돌아보니 은행나무 아래에서 두 분이 손을 흔들며 울고 서 계셨다. 그 애잔한 모습이 내가 마지막으로 본 두 분의 모습이었다.

그렇게 전쟁은 끝나고 무너진 건물들은 다시 세울 수 있었지만 부서진 사람들의 가슴속은 다시 고칠 수 없다는 것을 알게 된 것은 오랜 세월이 흐른 뒤였다.

지금도 겨울이 오고 눈이 내리면 1950년 그해 겨울을 생각한다. 새 덫의 끈을 쥐고 마루 끝에 앉아 엄마를 부르며 울고 있던 열 살배기 계집아이의 모습, 새끼줄로 친친 묶은 검정고무신을 신고 오직 자식 생각에 위험한 상황에도 빙판길로 달려오셨던 어머니의 모습, 은행나무 아래에서 떠나는 우리에게 손을 흔들어 주시던 할아버지와 할머니의 모습이 떠오른다.

그러나 그해 겨울이 어찌 나에게만 슬픈 겨울이었으랴. 그 시절을 살아온 모두에게는 아프고 시린 혹독한 겨울이었으리라.

공로도公路圖

얼마 전에 화면으로 중국회화 작품들을 감상하는 기회가 있었다. 예로부터 중국인들은 자연보다 더 아름답고 소중한 것은 없다는 자연 중심 사상에서 인물화보다는 산수화를 주로 그렸다고 한다.

그 중에서도 공정도空亭圖라는 그림이 특이했다. 공정도는 이름 그대로 비어 있는 정자가 있는 그림이나. 중국의 화가들은 정자가 있는 그림을 그릴 때 정자에는 사람을 그려 넣지 않는다고 한다. 비어 있는 정자는 그림을 감상하는 사람의 몫으로 남겨놓는 것이다. 그림 속의 비어 있는 정자에 상상의 그림을 그려 넣으라는 뜻이다.

강가나 나무 그늘 아래의 정자라면 친구와 마주앉아 바둑이나 장기를 두는 모습을 넣을 수도 있고, 느티나무 아래의 정자라면 아이들이 할아버지 무릎에 누워 낮잠을 자는 정경도 그릴 수 있으리라. 그림은 화가가 그렸어도 그림의 주인은 보는 사람들의 것이라고 한다. 보는 사람의 생각에 따라 그림의 의미가 달라지기 때문이다.

그렇게 비어 있는 그림 안에 자기의 생각을 그려 넣는 그림을 심화心畵라고 이른다. 눈으로만 보는 그림이 아니라 마음으로도 보는 그림이기 때문이다. 그러한 그림을 그리게 된 것은 형태나 소리가 없는 빈 공간에서 얻을 수 있는 기쁨, 곧 "우리가 보는 것은 아무것도 아닌 것이며 텅 비어 있는 것은 가득 차 있는 것과 같다."라는 불교의 선禪 사상에서 영향을 받은 것이라고 한다.

공정도를 보고 돌아오며 생각하니 늘 채우기를 갈망하며 사는 것이 삶이라고 생각한 내가 부끄러워졌다. 가득히 담아 놓아야 하는 것보다는 비어 있어야 또 다른 것을 채울 수 있다는 마음가짐으로 살아야 하는 것이 더 현명한 삶에 대한 태도라는 깨우침도 얻었다.

요즈음에는 마음도 생활도 비어 가는 연습을 하고 있다. 아이들이 몇 달 간격으로 내 곁을 떠났다. 딸은 결혼해서 떠났고 아들은 군에 입대했다. 두 아이들을 한꺼번에 보내고 나니 집은 떠난 사람들의 흔적만 있을 뿐 아무도 없는 빈 공간이다. 울적하여 창 앞에 앉아 집 앞에 있는 오솔길을 생각 없이 바라볼 때가 많아졌다.

넓은 창을 통하여 보이는 오솔길은 꽃과 나무와 숲이 있는 아름다운 곳이다. 바람에 눈처럼 날리는 능금꽃잎, 보라색 꽃을 피우는 오동나무, 하늘 높이 커 가는 은수원사시의 푸른 잎, 그런 것들이 어우러져 아름다운 길을 만들어 가고 있는 오솔길이다. 그런 풍경들 때문에 우리는 이곳을 떠나지 못하고 오랜 세월을 살고 있는지도 모른다.

오솔길은 이곳에 사는 사람들이 즐겨 산책하는 길이다. 아침나절에는 유모차를 밀고 가는 젊은 엄마도 보이고 강아지와 함께 걷는 노부부도 보인다. 저녁때는 조무래기 아이들이 모여 큰소리로 웃으며 뛰어다니는 곳이다. 그러나 한낮에는 아무도 보이지 않는 비어 있는 길이다.

내 아이들이 어렸을 때는 오솔길은 온종일 아이들의 놀이터였다. 능금 꽃으로 밥을 짓는 소꿉놀이도 하고 언덕길에서는 눈썰매를 타고 가오리연도 날리던 곳이다. 밤하늘을 올려다보며 별자리 공부를 시키던 곳이기도 하다. 모든 일들이 엊그제 같은데 아이들은 어느새 커서 내 곁을 떠난 것일까.

어느 날 오솔길을 바라보다가 나도 중국의 공정도처럼 저 길에 그림을 그려볼까 하는 생각을 했다. 내 그림은 공로도空路圖라 하면 좋을 것 같다. 창에서 훤히 보이는 빈 오솔길에 아이들이 어렸을 때의 모습을 그려 넣는 화가, 자연 그대로의 배경에 내 마음을 그려보는 심화의 화가가 되는 것도 좋을 듯하였다.

의자를 창 가까이에 놓고 편한 자세로 앉아 마음과 눈으로 그림을 그리기 시작한다. 오솔길에는 짧은 바지를 입고 머리를 묶은 어린 딸이 뛰어 다닌다. 그 옆에는 세발자전거를 타고 누나를 따라가는 통통한 아들의 모습도 있으며 버찌를 따겠다고 벚나무에 올라가는 아들을 누나가 말리는 그림을 그리려니 가슴이 울린다. 하루에 한 번이나 두 번 창 앞에 앉아 그리는 그림, 그리움을 물감으로 풀어 보고 싶은 마음을 그리는 화가가 된 것이다.

이런 사랑을 물감으로 풀어 그림을 그리는 바탕색은 무슨 색이 될까, 가장 소중하고 아름다운 사랑의 색은 아마도 무색일지도 모른다. 그 위에 또 다른 사랑과 정성으로 덧칠을 해도 그대로이고 언제 보아도 깊고 변하지 않으며 담담한 색이 무색이기 때문이다.

떠난 아이들은 남겨진 부모의 마음을 어찌 헤아리겠는가. 아이들은 보인 그대로 부모는 늘 편안하고 외롭지 않다고 생각하기 때문이다. 딸이 전화를 걸어오면 밝은 목소리로 대답하고, 아들에게 보내는 편지에는 즐거운 일만 있다고 쓴다. 보고 싶어서 비어 있는 길에 아이들의 그림을 그리는 화가가 된 것은 비밀이다.

아마 이 집에서 우리들이 세상을 떠나고 없을 때, 아이들도 또 우리들을 그리는 공로도의 화가가 될지도 모른다는 생각을 한다. 아빠 엄마와 함께 별자리 공부를 하던 때를, 버찌를 따서 엄마의 입에 넣어주면 좋아하던 모습을, 그리고 오솔길을 천천히 걷던 나이 든 때의 우리 부부의 모습을 그릴지도 모른다. 아이들은 보고 싶은 마음을 물감으로 풀어 그리움을 그릴 것 같다.

오솔길에 어제부터 비가 내린다. 비어 있는 길에는 아기가 탄 유모차도 천천히 걸어가는 어느 노부부도 조잘대는 아이들도 없다. 넓은 오동 나뭇잎만 비를 맞으며 바람에 흔들린다.

오늘은 나도 그림을 그리지 않고 비 내리는 빈 오솔길을 그저 바라만 보고 있다. 비어 있는 길에 그림을 그리는 공로도는 채우지 않고 비워 가며 살아가는 법을 터득하는 내 마음의 표현이리라.

한산모시

어머니의 고향은 모시로 유명한 충청도의 한산韓山이다. 어렸을 적에는 어머니를 따라 그곳에 자주 갔다. 한산 사람들은 한산면을 모시면이라 부른다. 그들은 모시로 하루를 시작하고 모시로 하루를 끝내며 살기 때문이다.

모시풀을 베어 나르고 껍질을 벗기며 햇볕에 널어 말리는 힘든 일을 여인들은 척척 해낸다. 밤이면 한방에 모여서 태모시를 가늘게 쪼개고, 그 모시 올을 무릎 위에 놓고 비벼서 실을 삼아 바구니에 담는다. 어느 아낙이 옛날이야기라도 시작하면 그 이야기 따라 웃고 울며 새벽닭이 울 때까지 일을 계속하는 것이다.

그래서인가. 어머니의 모시옷 사랑도 유별났다. 외할아버지와 할머니를 모시고 살 때가 있었다. 여름날 아침에 일어나 마당을 내다보면 그날 할아버지께서 외출하신다는 것을 알 수 있다. 마당가 풀숲 위에 할아버지의 모시 두루마기가 공작의 날개처럼 펴진 채 얹혀 있기 때문이다.

어머니는 모시옷을 다릴 때에는 물을 뿌리지 않고 아침 이슬을 촉촉이 맞혀 꼭 숯불 다리미로 다림질을 하셨다. 모시를 짜는 듯 한 올 한 올 가로 세로 다리는 모습이 의식을 치르는 듯 지극하였다. 어머니의 그런 정성은 부모님께 드리는 효심과 함께 모시 한 필을 짜기 위해 고생하는 한산 여인들의 노고에 대한 보답일지도 모른다.

하얀 모시 두루마기를 입으신 할아버지를 따라 가끔은 추월색 치마에 흰 모시 적삼을 입으신 할머니가 대문을 나설 때도 있었다. 할머니는 모시로 옷을 만들기 전에 치자물이나 푸른색이 나는 쪽물을 먼저 들였다. 그 중에서도 쪽물 들인 치마를 즐겨 입으셨고 그 치마를 추월秋月색 치마라 하셨다. 파르스름하고 차게 느껴지는 색감이 가을밤에 떠 있는 달과 같기 때문이라고 한다. 한여름에 가을 달빛 같은 모시 치마를 입고 가는 여인, 그 모습이 아름다워 추월색이라 이름 지어 준 이는 풍류시인이 아니었을까.

어느 해 여름 할아버지가 모시옷을 입고 외출하시자 할머니는 모시옷에 얽힌 옛이야기를 해주셨다. 할아버지가 젊으셨을 때 집에 자주 들르는 선비 한 분이 계셨다고 한다. 그 어른은 세상 이야기도 나누고 시국도 걱정하시며 무엇인가를 늘 의논

하러 오셨는데 할아버지께는 당숙이 되는 분이었다. 그 어른은 겨울이나 여름이나 늘 무명옷만 입으시고 신은 나막신을 신으셨다고 한다. 당신만 그런 것이 아니라 가족에게도 꼭 무명옷에 나막신을 신도록 하신 분이다.

그 어른이 바로 월남月南 이상재李商在 선생이시다. 독립협회를 창설하여 일본에 항거하다 옥살이도 하셨고, 평생을 청년들을 벗삼아 그들을 바르게 이끌어 주시던 민족의 스승이신 월남 선생, 무명옷에 나막신을 신고 다니면서도 당당하셨고 음성도 우렁차고 해학이 넘치시어 그 어른이 오시면 방 안에서 웃음이 그치지 않았다고 한다.

어느 겨울에는 솜도 두지 않은 무명 두루마기가 추우셨는지 머리에 남바위를 쓰고 그 위에 중절모를 쓰고 오셨다고 한다. 그 모습이 하도 우스워 어찌하여 남바위 위에 모자를 쓰셨냐고 여쭈니 "그럼 추운데 모자 위에 남바위 쓰랴." 하시며 허허 웃으셔서 따라 웃다가 얼마나 추우시면 저렇게 하셨을까 하는 생각에 모두 숙연해졌다고 한다.

어느 해 여름 월남 선생이 오셨는데 건강이 좋지 않으신 듯 무명옷에 땀을 많이 흘리시기에, 한산 모시로 옷 한 벌 지어 드리겠다고 간곡히 청하니. "나라가 편안해지면 그때 한 벌 지어다오." 하며 단호히 거절하셨다고 한다. 그 어른은 자신은 물론 자손들에게도 좋은 음식과 좋은 옷 한 번 제대로 못해주고 늘 걱정하시던 나라가 편안해지는 것도 보지 못하고 돌아가셨다.

그 어른이 돌아가신 그해 여름, 할아버지께 모시옷을 내드리니 "모시옷이라." 하시며 추우나 더우나 무명옷에 떨고 무명옷에 땀 흘리시던 당숙 어른 생각에 목메어 하시더니, 그 후 오랫동안 할아버지도 모시옷을 입지 않으셨다는 이야기였다.

해방이 되고 할아버지께 정부에서 나랏일을 맡아 달라는 청이 왔다. 할아버지는 "나는 좋은 음식에 모시옷 입고 산 사람이다. 무명옷만 입으시고 애국하시던 당숙 어른도 마다하신 나랏일을 내가 어찌 하겠느냐." 하며 거절하신 일화도 있다.

가난을 근심하지 않고 죽음도 두려워하지 않으며 나라를 지키려 했던 월남 선생과 그분의 뜻을 따라 강직한 삶을 사시던 외할아버지. 두 분은 세월은 틀리지만 78세의 같은 연세에 이승을 떠나셨다.

지금도 한산에는 5일장으로 새벽 모시시장이 열린다. 어둑어둑한 새벽 희미한 백열등 아래에서 모시올을 비춰봐야 짜임새나 색깔을 알 수 있기 때문이다. 조선시대부터 지금까지 새벽 4시에 열린다는 한산 모시시장, 어머니를 모시고 가고 싶은 곳이다. 그곳에 가면 모시 한 필을 사서 추월秋月색 치마에 연봉매듭을 단 모시 적삼을 어머니께 해 드리고 싶다. 고향에는 어머니를 알아보는 이들이 있을까. 왕겨 불 피워 놓고 모시에 콩으로 쑨 풀을 입히는 집이 있다면 들어가 왕겨 불 옆에 앉아 구경하고 싶다. 찰카닥찰카닥 모시 짜는 소리가 여기저기서 들리겠지.

고향이 한산이면서도 모시옷 한 벌 해 입지 못하고 가신 월남 선생과 모시옷 입은 죄 있어 나랏일도 마다하신 외할아버지, 강직함과 의로움이 같으셨던 두 분은 지금의 우리들을 내려다보시며 얼마나 많은 걱정들을 하고 계실까.

추임새

어제 현대판 판소리 한 마당을 보고 왔다. 청바지에 찢어진 옷을 걸친 젊은이가 무대를 뛰어 다니며 혼자 북 치고 장구 치며 익살스럽게 정치를 풍자하고 사회를 풍자한다. 그는 소리꾼 광대였다. 듣고 있던 한 관객의 표정이 소리꾼의 마음에 들지 않았는가.

"어매, 저 양반 봐라, 삼베 속바지에 거시기 새나가는 그 표정 아녀?"

큰 소리로 너름새를 떨더니 그 관객을 무대 위로 끌고 올라간다. 억지로 붙들려 올라가는 사람의 얼굴이 붉어지는 것을 본 관객들은 자기도 무대에 올려지게 될지도 모른다는 생각에 "얼씨구, 그렇고말고!" 하며 맞장구를 쳐 준다. 그것이 곧 현대판 추임새인 것을 알게 된 나도 덩달아 박수를 쳤다. 추임새는 고전 판소리 한 마당에서만 있는 것이 아니었다.

고전 판소리에는 명창과 고수鼓手가 있다. 고수는 무대 뒤에서 북장단을 치며 소리꾼에게 때때로 그렇지, 아무렴, 하며 흥을 돋우어 주고, 서글픔을 소리할 때는 낮은 목소리로 깊은 탄식의 추임새를 넣으며 극적인 효과를 주기도 한다.

춘향이와 이 도령이 만나는 장면에는 '얼씨구 좋다.' 북장단도 신이 나고, 또한 심청이가 인당수에 빠지는 장면에서는 '치마폭을 둘러 쓰고 두 눈을 딱 감고 뱃전으로 우루루루……. 물에 풍……덩!' 이 대목에 이르러 소리꾼의 목소리가 슬픔으로 잦아지는데, 그 사이 고수는 북 한 번 덩그덩 치며 휘이~ 서러운 한숨을 내쉰다. 그때 청중들은 고수의 목 메인 추임새를 듣고는 서러움에 젖어 눈물을 보일 때도 있다.

그렇게 고수의 북장단과 추임새가 소리꾼의 쉼 부분을 메어주고 마디마디 사이에 비집고 들어가 흥을 돋아주지 않는다면, 청중들이 한자리에 앉아 몇 시간 동안 펼치는 명창의 판소리를 듣는다는 것은 얼마나 힘이 들겠는가? 그래서 추임새를 틈새 사이로 살짝 들어가 또 하나의 예술의 경지를 이룬다 하여 '틈새예술'이라고 이름 붙여 준 듯하다.

판소리 한마당을 이르기를 '일 청중 이 고수 삼 명창一 聽衆 二 鼓手 三 名唱'이라고도 한다. 청중과 고수와 명창이 어우러져야 진정한 한마당이 된다는 뜻이다. 청중도 소리꾼에게 기쁨과 슬픔의 추임새를 사이사이 고수와 함께 넣어 주어야 판소리에 재미와 흥이 더해진다는 것이리라.

기쁘고 슬픈 삶을 엮어가는 인생 무대와 판소리 무대가 어찌 그처럼 같을까 생각해 본다. 우리네 인생도 살아가면서 가까운 이들의 좋은 일에는 함께 기뻐하며 어깨춤을 추워주고, 힘겨워 슬퍼할 때는 술잔 앞에 놓고 등 두드려 주며 손을 잡아주지 않던가. 그것이 인생살이의 추임새이다.

네가 휘모리 중중모리 소리 내며 세상 살기에 지친 소리꾼이라면, 나는 북치며 힘내라고 추임새를 넣어주는 고수가 되고, 이웃들은 청중이 되어 용기와 희망을 주는 박수로 추임새를 넣어준다. 그런 추임새가 있어 바람이 불면 우줄우줄 함께 흔들리는 능수버들처럼 사람들도 세상바람에 같이 흔들리며 살아가고 있는 것이 아닐까.

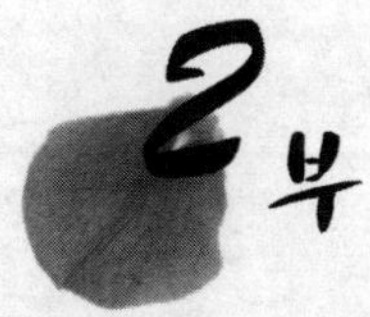

2부

새벽 편지
바람 불어도 꽃은 피고
아픔으로 남는 이름
사과꽃
도상봉을 아시나요?
첼리스트
개구리 첫국밥
그림자
동그라미 여덟 개

새벽 편지

눈이 내리고 있습니다. 온 천지가 눈에 덮여 있고 그 위에 비치는 가로등만이 붉게 보이는 새벽입니다.

병원 휴게실 넓은 창가에 혼자 앉아 내리는 눈을 바라보며 그대를 생각합니다. 눈이 오면 앞산의 설경이 그림 같다고, 안개비가 내리는 날은 먼 산이 바다처럼 보인다고 그래서 둥그런 능선들이 밀려가는 물결 같다고, 바람이 불면 처마 밑의 풍경이 저리 울어댄다고 전화를 하던 그대이니까요. 아마 지금 그대는 눈 내리는 새벽을 보지 못하고 잠들어 있겠지요.

한 치 앞을 모르는 것이 인생이라 했습니다. 아직도 해야 할일이 많은 남편이 갑자기 병원에 누워 오랜 날을 지내야 할 때 그대가 나에게 준 사랑과 보살핌, 그리고 다독여 주던 손길이 아니었더라면 나는 그 순간들을 어떻게 견디며 지나갔을까 생각합니다.

어느 날은 갑자기 병원으로 달려와 아무 말 없이 등 두드려 주고 떠나고, 어느 날은 나 몰래 눈물만 훔치다가 돌아갔습니다. 언젠가는 나를 찾아오다가 교통사고가 났었지요. 차 뒤 트렁크가 절반이나 쭈그러들었는데도 그대로 달려와 가져온 무공해 식품들 내려놓고 겁 없이 몇 시간을 다시 달려가 정비업소에 차를 맡긴 일도 있었지요. 그때 정비소 직원이 생명이 오가는 상황인데 이 차를 운전하고 고속도로를 달렸어요? 하며 나무라더라고 했습니다.

새벽에 일어나 컴퓨터를 열면 어김없이 어젯밤에 보낸 그대의 편지가 밤새워 나를 기다리고 있습니다. 아프지 말라고, 용기 내라고, 외로우니까 사람이라고, 어느 아침은 정호승의 시 한 수로 나를 위로하고 어느 날은 송지문의 〈유소사有所思〉 한 구절로 나를 달래기도 했습니다. 그렇게 보낸 아침 메시지로 나는 힘차게 다시 일어나 하루를 지내곤 했지요.

그러나 그대가 아파 며칠이고 쓰러져 누워 지낼 때에 나는 아무것도 해 줄 수 없어 걱정하는 전화만 하지요. 어서 훌훌 털고 일어나 밀린 일 하라고 조르기만 했습니다. 언제 아팠는지 모르게 또다시 일어나 순명처럼 그 많은 일을 하는 것을 보면 저걸 어쩌나! 저러다 또 쓰러질 텐데 하며 안타까워하는 것이 그대를 위한 내 마음 전부였습니다. 일에 지쳐서 어제 쓰러졌다 오늘 일어나고 내일 쓰러졌다 모레 일어나는 그런

힘에 겨운 일들은 이제 옆으로 밀쳐놓기를 바랍니다.

세상에 태어나 지금까지 잘 살아왔으니 이제부터는 보은의 뜻으로 살아가려는 그대의 마음가짐을 잘 알고 있습니다. 옷 한 벌 제대로 사 입지 않으면서 이웃 어른들의 어려운 형편 살피며 통장 털어서 불우한 아이들 급식비 주려고 마을 학교로 달려가는 것을 볼 때마다 내 식구 챙기기에도 버거워하는 내가 부끄러워지지요.

내게 온 지금의 날들을 구김살의 세월이라고 생각합니다. 누구에게나 있을 수 있는 삶의 문양이라고 스스로 위로하기도 하지요. 살아온 흔적의 자국인 잔주름이 아니라 갑자기 주저앉게 되어 생긴 구겨진 주름입니다. 나는 지금 그 주름을 펴려고 다림질을 하고 있는 과정이구요.

어쩌면 인생은 다림질 작업과 같은 것인지도 모릅니다. 살다가 구겨지면 다시 펴려고 낮은 온도에서 높은 온도로 바꾸어 가며 최선을 다해 다림질을 하지요. 그러다가 또 구겨지면 다시 다림질로 펴는 것을 반복하는 것이 삶이 아닌가 생각합니다. 물 뿌려 주고 손바닥으로 두드려주며 다리기만 하면 모든 구김살은 다 펴지는 줄 알며 살아갑니다. 그러나 그렇게 해도 영영 펴지지 않는 구김살도 있을 것입니다. 다리고 또 다리며 다림질에 지치기보다는 구김살과 동행할 수밖에 없다는 것을 깨닫는 날이 오면 다리미 밀어 놓고 구겨진 그대로 세월 따라 같이 가야 하겠지요.

이렇게 눈이 내렸으니 그대는 오늘 저녁 낙엽송으로 군불을 지피겠군요. 나도 달려가 따뜻한 아랫목에서 그때처럼 청자 찻잔에 목련차를 마시고 싶어요. 그리고 못다 한 이야기 들으며 웃기도 하고 못다 한 이야기 들려주며 눈물짓기도 하다가 하현달이 기울면 잠들고 싶습니다.

희미한 여명 속에 눈은 아직도 내립니다. 그대는 지금쯤 눈 치운다고 털신 신고 나와서 눈 치울 생각은 안 하고 새 먹이 준비하여 산에 오르려 하고 있지요? 솟대에 쌓인 눈도 흔들며 털어 주었지요? 눈에 묻힌 벌통 들여다보며 벌들은 잘 있나 기웃거리지요?

곧 퇴원을 합니다. 누구나 그러하듯이 살아가다가 왜 주저앉고 싶은 날이 없겠습니까. 그때마다 그대가 내 허리에 매어 놓은 보이지 않는 끈이 뒤에서 잡아당기겠지요. 넘어지지 말라고 호통치면서요. 아니, '절반의 절망'에는 언제나 '절반의 환희'가 남아 있다는 것 잊지 말라고 타이르면서요. 그 반半과 반半을 비우고 채우는 것은 바로 당신의 몫이라고 다독여 주면서요.

함박눈 내리는 오늘은 내가 먼저 새벽 편지를 보냅니다. 이 편지를 그대가 읽을 때에도 그곳 서재에서 훤히 보이는 앞산 먼 산에 아직도 눈이 내리고 있었으면 좋겠습니다. 오늘도 평안하십시오.

바람 불어도 꽃은 피고

이시카와 다쿠보쿠(石川 啄木)의 삶과 문학을 찾아서

에세이 문학에서 주최하는 '일본문학기행'을 떠나는 날은 5월 26일 석가탄일이었다. 아침 일찍 인천공항에 모인 일행은 여행에 대한 기대감으로 즐거운 표정들이었다. 비행기에 올라 채 두 시간도 되지 않아 센다이 공항에 도착했다.

일본 동쪽 마을 이와테 현 모리오카 변두리에 있는 시인 이시카와 다쿠보쿠(石川 啄木, 1886~1912) 기념관을 찾은 것은 센다이에 도착한 이틀 후였다. 숲으로 싸인 기념관 앞에 이르니 일본의 전통의상 기모노를 입은 다쿠보쿠 인형이 우리를 반긴다.

고향 하늘이 저 멀리 보고파서
높은 지붕 위에 홀로 올라갔다가
풀 죽어 내려온다.

너무도 푸른
구슬 같은 슬픔을 베개로 삼고
소나무 우는 소리 밤새도록 듣는다.

다쿠보쿠가 많은 작품 속에서 그처럼 그리워하던 고향이 바로 이곳 시부타미이다. 주지住持 승려의 아들로 태어나 귀염둥이로 자라다가 모리오카 중학교에 입학하면서부터 파란만장한 그의 생애는 시작되었다고 한다.

열세 살에 같은 학교 여학생 세츠코를 만나 사랑을 하게 되고, 후에 언어학자가 된 상급생인 킨다이치 쿄오스케와 친해지면서 문학에 열중하게 되었다. 그러나 정의감이 강한 그는 학교에서 일어나는 여러 가지의 부정한 일에 대해 스트라이크를 주도한 혐의로 졸업을 1년 앞두고 중학교를 자퇴할 수밖에 없었다.

그해, 아버지가 세금 체납 관계로 승려에서 파직되어 온 가족이 고향을 떠나 살게 되었고 그때부터 다쿠보쿠의 가난하고 슬픈 세월은 세상을 떠날 때까지 계속되었다.

스트라이크 다시 떠올려 봐도
지금은 이미 나의 피 끓지 않아
쓸쓸히 웃음짓네

모리오카의 정들었던 중학교
다시 한 번만
발코니 그 난간에 이 몸 기대고 싶네

학업을 그만둔 자책감 때문에 괴로웠던 그는 중학교 시절로 다시 돌아가고 싶은 간절함이 있었다고 한다. 동경으로 간 천재 소년 다쿠보쿠는 시와 소설을 공부하다가 병을 얻어 다시 고향으로 돌아와 첫사랑 세츠코와 결혼하고 자기가 다니던 소학교의 임시 교사가 되었다.

일본에서는 유일한 한恨의 시인이라 불린다는 그의 기념관은 규모가 크고 곳곳이 생전의 소장품으로 가득했다. 평소에 쓰던 원고지와 펜들이 가지런히 놓여 있고 〈딱따구리에게〉라는 시를 쓴 노트도 있다. 그는 평소에 딱따구리에 대한 애정이 각별하여 즐겨 시제로 삼았다고 한다.

나는 그의 부인 세츠코 사진 앞에서 다쿠보쿠를 사랑했기에 슬픈 생을 살아야 했던 한 여자의 일생을 생각하며 오래도록 서 있었다. 유리 상자 안에는 ≪동경≫, ≪한 줌의 노래≫, ≪슬픈 장난감≫ 등 세 권의 시집과 친구들에게 돈을 빌리고 써준

차용증서도 놓여 있다. 다쿠보쿠는 친구들에게 가끔 차용증서를 써주고 돈을 받아 술을 마셨다고 한다. 어느 때는 중학 선배의 물건을 전당포에 맡기고 얻은 돈 5엔 중에서 1엔을 주고 아내에게 줄 목련꽃을 사며 좋아했다는 이야기도 전해온다.

기념관을 나온 우리는 다쿠보쿠가 임시 교사로 근무할 때의 학교 건물을 그대로 옮겨 놓은 교실로 들어갔다. 그가 가르치던 2학년 교실 낮은 책상에 앉아 기념관 안내원에게서 그에 관한 이야기를 들었다. 세츠코와 결혼하고 이 학교에 다니던 그 짧은 날들이 다쿠보쿠에게는 일생에 있어 가장 행복한 시절이었다.

그의 불행한 가족사를 듣고 있을 때 땡땡 종소리가 울렸다. 누가 현관 입구에 걸려 있는 학교 종을 친 것이다. 종소리를 듣는 순간 세월을 거슬러 내가 그 시절의 소학생이 되어 다쿠보쿠에게 수업을 듣는 듯 잔잔한 감동이 가슴으로 스며들었다.

다쿠보쿠는 교사로 몇 년을 다니다가 교장의 부정을 알게 되어 다시 스트라이크를 일으켜 교장은 전출되고 자신은 면직되었다. 그는 가족과 흩어져 홋카이도로 이주했으며 이때부터 직장을 찾아 떠도는 불행한 생활이 이어졌다.

학벌이 없어 취직은 안 되고, 몸은 아프고 먹을 것은 없고, 아내는 아이들을 데리고 집을 나가고, 소설을 썼으나 원고료도 받지 못했다. 이런 상황에 자살을 결심한 그는 바닷가에 나갔다가 백사장에서 발견한 게와 놀다가 죽을 마음을 잊고 집으로 돌아왔다고 한다. 그런 순수함은 아름다운 시로 승화되었으나 그 천진함은 자연을 사랑하는 시인이었을 뿐 가족에게는 그저 무능한 가장이었다.

새로워지는 내 마음 찾고 싶어
이름 모르는
이 거리 저 거리를 오늘도 헤매었네

친구가 모두 나보다 훌륭하게 보이는 날은
꽃 사들고 돌아와
아내와 즐겼노라

친구에게 돈을 빌리면 술을 마시고 남은 돈으로 꽃을 사들고 집에 들어가던 시인, 그는 27세의 나이에 객지에서 폐결핵으로 짧은 생을 마감했던 것이다. 1912년 어머니가 세상을 떠난 지 한 달 후였다. 다음 해에는 아내 세츠코도 어린 두 딸을 남겨두고 같은 병으로 세상을 떠나 남편 곁으로 갔다.

누구는 다쿠보쿠가 일찍 사랑을 알게 되어 그의 삶이 더 힘들었다고 하지만 그에게는 순수한 세츠코와의 첫사랑이 있었기에 그토록 아름다운 서정시를 쓸 수 있었을 것이다.

그에게는 저항적 기질이 있었다고 하지만 그의 곧은 양심은 이토히로부미에게 총을 쏜 우리의 안중근 의사를 존경했으며,

서슬이 퍼런 명치유신 시대에 신문사 기자로 일하면서도 안중근 의사에 관한 기사는 쓰지 않았다고 한다. 오히려 〈9월 밤의 불평〉에서는 '세계 지도 위/ 이웃의 조선 나라/ 검디검도록/ 먹칠하여 가면서/ 가을바람 듣노라.'라는 단가를 남겨 이웃나라의 슬픔을 대신 읊기도 했다.

해는 저무는데 기념관 뒤 숲 속에서 까마귀가 울었다. 어쩌면 다쿠보쿠의 영혼은 고향마을을 떠나지 못하고 아직도 저 숲 속에 머물러 있을지도 모른다는 생각을 하며 기념관 뜰을 나섰다.

다음날은 모리오카 시내에 있는 다쿠보쿠가 신혼 시절 살던 집을 찾아갔다.

> 새하얗게 바랜 전등갓에 시름없이 시선을 모으면
> 그 집에 사는 즐거움이 또렷이 보이는 듯,
> 우는 애 옆에 누워 젖 물리는 아내는 방 한구석
> 저쪽을 향해 있고
> 그것이 행복하여 입가에 속절없는 미소까지 짓는다.

다쿠보쿠는 〈집〉이라는 시에서 자기 집을 갖게 되면 마당에는 풀이 마음껏 자라게 하고 저절로 자란 무성한 잎새에 세차게 뿌리는 여름비 소리를 듣고 싶다고 했다. 정원 한구석에는 커다란 나무를 심고 그 밑에는 하얀 칠을 한 벤치를 놓을 것이며 그 벤치에 앉아 사오 일 간격으로 보내오는 마루젠의 신간 그 한 페이지를 접어놓고 밥 먹으라고 부를 때까지 꾸벅꾸벅 졸고 있는 가장이 되고 싶다고도 썼다.

그의 신혼집은 크고 좋았다. 집 앞에는 오래된 느티나무가 서 있고 다다미방이 여섯 개나 되었다. 방 하나에는 차를 끓이는 무쇠주전자가 난로 위에 놓여 있고 옆에는 우리나라의 가야금 같은 13줄의 악기가 있다. 서재에서는 아내 세츠코와 같이 찍은 다정한 부부의 사진이 이웃나라에서 찾아온 우리들을 맞이했다.

사람에게는 아무리 불행한 삶 속에도 한순간의 행복은 선물처럼 찾아온다고 한다. 저녁이면 시인은 아내와 마주앉아 차를 마시고 악기를 연주하며 신혼의 한때를 보냈을 것이다. 그때 그들의 아늑한 행복을 상상해 보니 다쿠보쿠는 불행하기만 한 시인은 아니었다는 생각도 들었다. 햇빛 가득한 후원에는 비비추 꽃이 한창이었다.

모리오카에서 우리가 묵은 호텔 이름은 '숲의 바람(森의風)'이었다. 호텔 방 창가에 서서 밖을 보니 멀지 않은 곳에 숲이 있었다. 저 조용한 숲에도 바람은 지나가리라. 바람에 흔들려도 꽃은 피어날 것이다. 비바람에 꺾여도 피어나는 것이 꽃의 생명이라 했다. 오랫동안 숲을 바라보면서 풍우 속에 살다 간 다쿠보쿠의 생을 생각해 보았다.

그가 쓴 많은 서정시와 500여 편이 넘는 단가短歌는 거센

바람 속에서 피워낸 그의 소중한 꽃이다. 지금 그 불멸의 꽃들은 온 세상에 남아서 수많은 사람들의 영혼 속에 살아 있다.

그의 삶은 불행했으나 그 불행의 심연에서 만난 한과 고통을 통해 누구도 따를 수 없는 문학작품을 만들어낸 것이다. 그의 시를 읽고 있으면 "슬픔 깊은 곳에 예술이 있다."라고 한 어느 책의 구절이 떠오른다.

그동안의 여행은 보고 즐기며 새로운 풍물을 즐기며 다녔었다. 그러나 이번은 무엇인가를 가슴에 가득 채우고 뿌듯한 마음으로 돌아왔다. 그것은 지금도 일본의 많은 젊은 지식인들이 그의 시를 읊으며 무한한 자유를 꿈꾼다는, 한 세기 전 섬광閃光처럼 왔다 사라진 방랑시인 이시카와 다쿠보쿠를 만나고 왔기 때문일 것이다.

아픔으로 남는 이름

나는 지금 캐나다의 밴쿠버에 잠시 머물고 있다. 저녁나절이면 집 가까이에 있는 빅토리아 공원으로 산책을 나간다. 아름드리나무들이 가득한 곳으로 멀리 바다가 보이고 너도밤나무 그늘에는 벤치들이 놓여 있다. 잔디는 푸르고 새들은 자유롭게 노니는데 벤치에 앉아 있는 노인들은 하늘과 나무를 배경으로 그려진 풍경화같이 움직임이 없다. 그들은 붉은 석양빛이 나뭇가지 사이를 비집고 들어와 벤치에 모이는 저녁때가 되어야 집으로 돌아간다.

그 공원 한가운데에는 전쟁터에서 전사한 군인들을 위한 위령탑이 높게 서 있다. 내가 처음 그 탑을 보고 놀란 것은 그것은 1950년 6·25 전쟁 때 우리나라에서 전사한 사람들을 위한 위령탑이었기 때문이다.

'이곳에 잠든 이들은 우리와 함께 영원히 살아 있다.'

탑에는 그들을 위로하는 글이 써져 있고 그 옆에는 전사한 사람들의 이름을 새긴 비석이 책 모양으로 펼쳐져 놓여 있다. 1950~1953년 사이에 한국의 전쟁터에서 사라진 이백 명이 넘는 젊은이들의 이름이었다.

토머스, 데니, 필립, 앤드로, 그리고 잭슨과 스미스. 나는 그들의 이름을 하나하나 나지막하게 불러 주었다. 누구의 아들이었을까? 누구의 남편이었을까? 누구의 동생이며 손자이며 조카이었을까? 한 집안의 희망이고 꿈이던 소중한 사람들이었다. 이백 명이 넘는 이름을 다 불러주고 나니 어느새 그 이름들 위에 내 눈물이 떨어지고 있었다.

그때, 그들은 태평양 건너 동방의 작은 나라 '코리아'를 잘 알지 못했으리라. 조국도 아닌 남의 나라를 도우려 왔다가 꿈 많은 나이에 사라져야 했던 사람들이다. 오직 공산주의와 싸우는 우리를 돕겠다는 뜻 하나로 달려와 전쟁터에서 전사한 것이다.

나는 부끄러웠다. 우리는 그들을 기억하며 고마워 한 적이 있던가? 내 아들 내 남편 내 이웃들이 전쟁터에서 사라진 것만을 슬퍼하며 지내온 세월이었다. 그들의 부모가 자식을 잃고 슬퍼할 때 등 한 번 어루만져 준 일이 없지 않던가. 우리에게 달려와 당신 나라의 전쟁터에서 자식을 잃었노라고 원망하던 부모 또한 어디 있었던가.

이곳에 적힌 이름들은 그들의 어머니, 아내, 그리고 사랑하던 애인들이 목놓아 부르던 이름들이다. 아픔으로 남은 이름이다. 모든 사람들이 오가며 보면서 잊지 말아 달라고 나라에서 아름다운 공원 한가운데에 세워 놓은 탑이기도 하다. 나는 그곳에 가면 늘 위령탑 앞에 서서 묵념을 한다. 고맙다고 그리고 미안하다고 고개 숙이고 서 있다.

캐나다 전역에 있는 공원에는 꼭 이렇게 위령탑이 있다고 들었다. 세계 제 2차 전쟁에서 전사한 사람들을 위한 위령탑과 한국전쟁 때 UN군 일원으로 2,700명이 참전하여 경기도 가평 전투에서 사망한 516명에 대한 위령탑이 대부분이라고 한다.

자기 나라에서는 전쟁을 한 번도 겪어 보지 않은 캐나다인들이다. 다른 나라에서 전사한 그들의 참된 희생은 캐나다와 함께 영원할 것이라고 그들은 생각한다. 그래서 모든 국민들의 참배를 받을 수 있는 공원에 위령탑을 세우고 기리고 있는 것이다.

오늘도 위령탑 주위 나무 숲을 한 바퀴 돌아오는 산책을 끝내고 탑 앞 벤치에 앉는다. 옆 벤치에는 백발의 여인이 이미 앉아 있다. 언제나 그 시간이면 앉아 있는 노인이다. 말이 통하지 않으니 목례로 인사를 나눈다.

나는 그 여인을 바라보며 속으로 이야기한다.

"나는 한국에서 왔습니다. 이곳에 와서 당신들이 얼마나 고마운지 알았습니다. 이렇게 마음으로 당신들께 고마움을 느낍니다. 당신은 혹시 이곳에 이름 새겨진 사람들의 아내나 애인이 아니었습니까? 매일 이곳에 앉아 탑을 바라 보고 있는 모습이 그럴지도 모른다는 생각이 듭니다. 전쟁과 평화, 생명과 죽음, 명분과 희생이 무엇인가요? 그 나라 사람들이 기리고 존경하는 인물을 보면 그 나라의 정신이 보인다고 했습니다. 당신들은 남의 나라를 위하여 싸우다가 사라진 사람들을 기리며 존경합니다. 그래서 당신들은 당당하며 아름답습니다."

내 이야기를 듣지 못하는 노인은 나에게 미소를 보낼 뿐이다.

공원의 무성한 나뭇잎들도 세월이 지나면 낙엽이 되어 흙속으로 묻혀 버리듯 모든 자연의 마지막은 사라지는 것, 사람의 생도 생성에서 소멸로 가는 자연의 섭리라 해도 푸른 잎한 번 펴보지 못하고 떨어져야 했던 저 젊은이들의 희생은 슬픈 일이다.

오늘은 많은 새들이 위령탑 주위로 몰려와서 재재거린다. 그들을 위로하는 진혼의 노래처럼 들린다. 나도 고개를 숙이고 숙숙히 앉아서 오래 기다려 주었다. 새들이 날아가자 옆벤치에 앉아 있는 백발의 여인에게로 다가가 손을 내밀었다.

"미안합니다. 고맙습니다."

얼떨결에 내 손을 잡아 준 여인은 내가 한 말의 뜻도 모르고 오히려 더 큰 소리로 "땡큐! 땡큐!"를 연발하며 내 몸을 껴안는다. 나는 내일 한국으로 돌아가기에 마지막 인사를 하고 싶었다.

또 한 번 비석 앞으로 가서 젊은 그들의 이름 모두를 손으로 쓸어주고는 돌아섰다. 내가 처음 그들의 이름을 불러주며 눈물을 흘렸을 때 그들 모두가 내 조국의 아들처럼 생각되었었고, 지금 그들을 다독이며 떠나려 하니 그 이름들이 아픔으로 내 가슴에 새겨지고 있다.

공원을 나오는데 소슬바람이 떨어진 나뭇잎을 날리며 따라온다. 뒤돌아보니 벤치의 그 여인은 아직도 나에게 손을 흔들고 있었다.

사과 꽃

백야白夜, 그 속을 기차는 달린다. 자정에 모스크바를 떠난 밤기차 꾸페는 장장 여섯 시간 이상 자작나무 숲을 뚫고 달리고 있는 중이다. 가도 가도 끝이 없는 자작나무 숲은 하늘을 찌르고 빽빽한 나무들은 한 치의 여유도 없이 대지를 뒤덮고 있다.

누가 뭐래도 러시아는 대국이었다. 그것은 역사 속의 왕들이 여름과 겨울 별장에 붙여놓은 금덩어리 때문도 아니고, 은행 하나씩을 문 닫게 하면서 만들어 놓았다는 여러 성당들의 높은 금탑 때문도 아니다. 그 넓은 대지에 꽉 들어찬 자작나무 하나만으로도 그곳은 희망의 나라였다.

나는 침대에 기대어 스쳐 지나가는 자작나무 숲을 혼자 바라보며 앉아 있다. 기차는 낡고 화장실 물은 제대로 나오지 않지만 그런 것이 무슨 상관이랴. 대낮같이 밝은 밤에 자작나무 숲 그림을 영상처럼 보며 지나가는 것만으로도 나에게는 축복이다.

이런 때는 나처럼 잠들지 못하고 창가에 앉아 있는 사람 있다면 그를 불러 무미, 무취, 무색이라는 러시아의 술 보드카라도 같이 마시고 싶다. 낮에 한 병 사서 가방 속에 넣은 것을 찾아 홀로라도 마시고 싶지만 좁은 침대 밑에 쑤셔넣은 여행 가방은 잠든 동행들이 깰까 봐 꺼낼 수가 없어 아쉽다.

잠깐 앉은 채로 잠이 들었다 깨어보니 자작나무 숲은 사라지고 이제는 새벽안개 덮인 늪과 그 늪가에 사과 꽃들이 만발한 곳을 기차가 달리고 있었다. 동토에 핀 분홍빛 사과 꽃! 감탄하지 않을 수 없는 절경이다. 서서 더 넓은 풍경을 보기 위해 기차의 복도로 나갔다. 이미 몇몇 승객들이 넓은 유리창에 얼굴을 대고 구름처럼 피어난 사과 꽃들을 보고 있었다. 그럼 러시아에도 꽃피는 봄이 있었던가? 그런데 나는 왜 러시아는 눈만 내리는 겨울뿐이라고 생각하고 있었을까. 흐드러지게 꽃을 피운 채 곳곳에 서 있는 둥치 큰 사과나무들은 백 년은 훨씬 넘어 보이는 것도 있다. 기차가 달리고 달려가도 사과 꽃들은 오래도록 사라지지 않는다.

1917년 10월 혁명에 붉은 깃발을 휘날리며 비밀경찰들이 눈 부릅뜨고 살벌하게 감시하던 시대에도, 사람들은 꿈을 버리지 않고 사과나무를 심고 나무들은 자라서 봄이 오면 꽃을 피우고 있었나 보다. 겨울에 페치카에 넣으면 자작자작 소리를 내며 탄다는 자작나무들도 그 불안한 세월 속에서도 얼어붙은 대지에 큰 키를 곧게 세우며 저렇게 자라고 있었던 것이다.

그 시절 러시아에는 루쉰의 소설 ≪아Q정전≫의 주인공 아Q처럼 조용히 살아도 혁명군을 도왔다고 죄를 묻고 시민군을 돕지 않았다고 쫓기면서 자기 죄가 무엇인지도 모르면서 숨어 살아야 하는 사람들이 있었다고 한다. 기차에서 보이는 마당에 사과 꽃이 피어 있는 한 작은 벽돌집, 그 집에는 혹시 세월이 흘러 세상이 변한 것도 모르고 숨어사는 어느 아Q가 자작나무 활성탄에 감자로 만든 보드카를 거르며 아직도 조국의 봄을 기다리고 있지는 않을까 싶어 커튼이 드리워진 창문을 유심히 들여다 보았다.

어제, 보리스 파스테르나크의 생가에 갔을 때도 그랬다. 숲으로 싸여 있는 그의 집에서 그는 얼마나 불안한 나날을 살았을까 생각하며 마룻바닥 어디에 비밀 문이라도 만들어 놓고 지냈나 하여 내내 바닥을 둘러보았다. 그가 치던 피아노와 식탁 위에 놓여있는 찻잔의 평화로운 분위기와 벽에 걸린 그의 사진을 바라보면서 이념이란 무엇인가 하는 생각도 했다.

그와 가까이 지내던 지식인들은 모두 해외로 망명 떠난 적막한 세월 속에서도 조국을 떠남은 내게 죽음을 의미한다며 따라가지 않고 감시당하며 깊은 병으로 힘들게 살아야 했던 그에게 두려움과 외로움은 얼마나 컸으랴. 키 큰 이름 모를 나무들이 가득한 그의 집 뒤 나무 의자에 앉아 있으니 그래도 그는 멋지게 살다 갔노라고 지나가는 바람이 살랑이며 나에게 전해 주는 것 같았다.

그러나 이제는 러시아도 정치적으로도 해빙을 맞아 동토가 녹아내리는 시대가 왔으니 사람들은 숨어서 사과 꽃 피는 봄을 기다리지 않을 것이다. 끝없이 펼쳐진 자작나무 숲에서 늪가에서 피어나는 새벽인개 속에서 붉은 벽돌집 벽난로 옆에서 그리고 백야의 그 밝은 밤 속에서 사람들은 양보하며 화해한 세월의 봄을 반기고 있다.

그렇게 밤 새워 달려와 닿은 곳은 페테르부르크였다, 그곳에는 자작나무도 사과 꽃도 보이지 않았다. 유월인데 아직도 두꺼운 옷을 입은 사람들이 무표정한 모습으로 거리를 거닐고 있다.

러시아에는 유난히 성당이 많다. 봄날에 그 많은 성당의 종루에서 함께 종소리가 울리면 붉은 광장을 지나 멀리멀리 자작나무 숲까지 그리고 늪가의 사과나무들에게도 퍼질 것 같다.

그런 날에 하늘 위에서는 닥터 지바고와 안나 카레니나 그리고 카추샤가 같이 모여 파스테르나크와 톨스토이도 부르고 이반 데니소비치와 함께 솔제니친도 불러 얼마 전에 세상 떠나온 그들의 절친한 친구였던 로스트로포비치의 첼로 반주로 폴카 춤을 추며 봄 잔치를 하지 않을까 하는 즐거운 상상을 해본다.

누가 역사는 세월 따라 사라진다 했던가. 역사는 사라지는 것이 아니라 잊혀질 뿐이라고 러시아를 통해 다시 알게 된 나는 내일 이곳을 떠난다.

도상봉을 아시나요?

— 한국 서양화단의 거목이었던 고 도상봉(1902~77)화백이 생전에 즐겨 그리던 그의 집 정원의 라일락꽃이 다시 활짝 피었다. 도 화백의 집이 아니라 경기도 용인 한 식물원에서다.—

오늘 아침 신문에서 읽은 기사이다. 〈도상봉 라일락〉은 도 화백의 서울 혜화동 집 뜰에 있던 나무이다. 수령 백 년이 넘어 고사 위기에 있자 한 식물원에 옮겨 심어 놓고 정성으로 보살피니 다시 싹이 돋아나고 꽃을 피워냈다고 한다. 사진을 보니 화려하게 꽃피우던 한옥집 정원의 밑동 굵은 라일락 나무가 아니라, 한가지에만 겨우 꽃을 피워내고도 의연한 것이 묵언默言으로 참선하는 노승老僧의 뒷모습 같은 기품을 느끼게 한다.

도상봉 화백은 꽃을 주제로 하는 정물화를 즐겨 그리던 서양화의 대가이다. 그 중에서도 조선 백자에 흰색이나 보라색의 라일락을 수북하게 담아 놓고 그린 그림이 많다. 그의 라일락 그림을 보고 있노라면 라일락 향기가 그림 주위에 가득 펴져 있는 듯하다. 그 꽃들은 도 화백의 정원에 있는 라일락 나무가 피워낸 꽃이라는 것은 나중에 알게 되었다.

나는 그 화가의 라일락 그림을 처음 본 날 그 그림 앞에서 떠나지를 못했다. 섬세하게 그린 꽃 송이송이는 그림이 아니라 지금 막 나무에서 꺾어다 백자에 담은 꽃처럼 싱그러웠다. 라일락 꽃가지 속에서는 라일락 나무 옆에서 놀던 내 유년의 세월이 숨어 있는 듯 아련했고, 백자에 담겨져 있는 라일락은 꽃이 아니라 항아리에 담아 놓은 옛이야기들 같았다. 그 중에서도 기억 속에 있는 이모의 결혼식 모습이 제일 선명하게 떠올랐다. 또한 도 화백의 다른 그림들도 보고 있으면 이모를 생각나게 하는 그림들이 유난히 많은 것은 어인 일인가 모르겠다.

이모는 우리 집 뒤 울안에 피어 있던 흰 라일락을 가지 채 꺾어 만든 꽃다발을 들고 결혼식을 올렸다. 사이사이 상록수 잎으로 장식한 라일락 꽃다발은 순백의 면사포를 쓰고 결혼식을 올리는 오월의 신부를 더 아름답게 해 주었다.

그 뒤 여기저기서 라일락이 피고 지는 것을 많이 보았는데도 왜 도상봉의 라일락 그림에서만 이모의 결혼식 모습이 떠오를까?

라일락 꽃다발을 들고 결혼한 이모는 부산 영도影島에서 살았다. 도 화가가 그린 〈항도의 여름〉과 똑같은 풍경이 펼쳐진 곳이다.

이모부는 배를 타고 해외로 나가면 오랫동안 집에 돌아오지 않는 원양선의 선장이었다. 그래서 이모는 바다가 보이는 언덕배기에 살고 있었다. 붕~ 뱃고동이 울리면 이모는 마당으로 뛰어나가 바다를 바라본다. 멀리 떠나는 어느 선장이 부두에서 이별하고 돌아서는 선원들의 아내를 위해 울려주는 이별의 뱃고동 소리라 했다. 그래서인가. 도 화백이 산 위에서 그린 부산의 앞바다를 보고 있으면 뱃고동 소리가 멀리에서 들리는 듯하다

도상봉 화가가 세상을 떠났을 때, 나는 누구에게나 도상봉을 아시나요? 하고 물었다. 라일락을 찌그러진 백자에 가득 담아 놓고 그리는 화가, 라일락꽃에 추억을 담아서 그리는 화가, 우리 엄니 무명 앞치마 두르고 부엌에서 밥 지을 때 라일락꽃 꺾어다 저고리 앞섶에 꽂아주던 일을 기억하게 해주는 화가라고 긴 설명을 하며 자랑을 했다.

세월이 지나, 그 화가가 세상을 떠나고 20주년을 기리는 회고전에서 그의 라일락 그림을 다시 보게 되었다. 그는 꾸미지 않는 정물화 그림으로 단조로움 속에서 변화를 소박함 속에서 풍요로움을 찾아내는 그림 보는 눈을 트이게 해 주는 화가이다.

그 시절의 화가들이 구상이냐 비구상이냐 논하며 미술계가 소란스러웠어도 화면을 수평으로 분절하는 안정감 있는 정물화만을 그리며 초심初心을 지키려 했던 화가임을 다시 알게 된

것도 기쁨이었다. 그날도 라일락 그림 앞에서 오래 머물다 화집 하나를 사들고 돌아왔다.

라일락 꽃다발을 들고 결혼한 이모는 이제 바다에서 돌아온 이모부와 시골로 내려가 살고 있다. 바다가 보이지 않고 뱃고동 소리가 들리지 않는 곳, 산 아래에 집을 짓고 둘레에는 라일락을 심어 꽃 피우며 밭농사 지어 그 농산물을 이웃 절에 시주하고 교회에 나누어 주며 그렇게 두 분만의 여생을 보내고 있다. 집 주위에 라일락꽃이 피면 향기가 멀리까지 퍼진다고 한다. 그 라일락 나무도 풍요롭게 꽃을 피워내는가 보다.

이제는 이모에게도 그 화가의 이야기를 해주고 싶다. 아마 이모는 화집 하나 사서 보내라 할 것이다. 나는 화집을 보내면서 그 그림들 속에서 이모의 옛날을 찾아보라는 사연을 적으리라.

우연하게도 도 화백의 모습과 참 많이 닮은 이모부도 화집을 펼쳐 놓고 결혼식 때 당신의 신부가 들고 있던 꽃다발을 찾으려고 〈라일락〉 그림을, 뱃고동 소리 들으며 바람 부는 언덕에 서 있는 젊은 아내를 만나려고 〈부산항〉을, 오랜 항해를 끝내고 돌아오는 남편을 기다리며 서 있던 아내를 보려고 〈항구〉를, 파도와 같이 놀고 있는 해변 가의 어린 시절의 아이들을 찾으려고 〈해변〉의 그림을 보고 또 보고 할 것이다.

북향의 화실에 오월이 오면 천장에 낸 큰 유리창을 통해 쏟아지는 햇빛을 받으며 뜰에 피어 있는 라일락꽃을 한 아름 꺾어 백자에 가득 담고 그리던 화가 도상봉.

그 '도상봉 라일락' 나무도 다른 곳에서 마지막 꽃을 피우며 사라진 듯 살고 있음에, 나도 자랑하고 싶은 도상봉 화백의 그림 이야기들을 이 글을 끝으로 이제는 접으리라 생각한다.

첼리스트

나의 딸은 첼리스트입니다. 오케스트라의 첼로 파트에서 어느 날은 베토벤의 음악을 연주하고 어느 날은 모차르트의 음악도 연주하는 평범한 첼리스트이지요. 특별히 돋보이지도 않고 없어도 표나지 않는 자리에 앉아 있지만 자기가 하고 싶은 음악을 한다는 기쁨에 연주 도중에도 가끔은 눈물이 난다고 합니다.

딸의 연주가 있는 날은 청중 속에 앉아 음악을 듣습니다. 수십 명의 각 파트의 연주가들이 지휘자의 지휘봉을 따라 음악으로 들려주는 소리는 언제 들어도 경이롭습니다. 연주회가 끝나고 딸과 함께 돌아오면서 "나는 네가 부럽다."라는 말을 늘 하고 있습니다.

딸이 오케스트라에 입단하고 첫 연주회가 있던 날, 예술의 전당 객석에 앉아서 비록 유명하지 않은 첼리스트라 할지라도 저렇게 되기까지의 딸의 고통을 뒤돌아보며 감회가 깊었습니다.

딸아이가 열 살 때였습니다. 모리스 장드롱이 연주하는 슈베르트의 "아르페지오 소나타"를 처음 듣고 며칠 후 딸에게 제 키보다 더 큰 첼로를 들려주며 배우자고 했지요. 그것이 얼마나 험난한 고통의 시작이었는지를 모르는 딸은 도, 솔, 레, 라의 네 줄을 튕기며 좋아하였습니다.

내가 딸에게 첼로를 시키고 싶은 것은 첼로의 음音이 너무 좋았기 때문입니다. 첼로의 음색은 악기 중에서 인간의 음성과 가장 닮았다고 합니다. 바이올린처럼 높은 음도 아니고, 콘트라베이스처럼 낮은 음도 아니면서 사람에게 편안함을 주는 소리입니다. 그래서 첼로를 오래 하면 따뜻하고 여유 있는 성품으로 바뀌진다는 이야기도 있습니다. 가끔 바흐의 무반주 첼로 소나타를 듣고 있노라면 혼자 있어도 누구와 이야기를 나누는 듯 편안함이 오는 것은 첼로의 음 때문인 것 같습니다.

첼로를 시작하고 일 년 후쯤 두통을 앓는 딸을 데리고 병원을 오가면서도 그것이 첼로를 하기 싫어서 난 병인 것도 모르고 당황하던 때도 있었고 레슨비가 너무 들어 그만둘까 망설인 때도 있었습니다.

음악을 전공으로 하겠다고 하며 대학입시 준비를 하던 때는 더욱 견디기 힘든 세월이었습니다. 밤 열 시는 넘어야 학교에서 돌아오는 딸은 그때부터 첼로 연습을 하는 시간입니다. 한여름에도 이웃에 방해가 될 것 같아 문을 꼭 닫고 방 안에서만 연습을 해야 했습니다. 땀은 첼로에도 활에도 비 오듯 떨어집니다. 수건으로 연방 땀을 닦으며 연습을 하는 딸을 보는 것은 큰 고통이었습니다. 새벽에 딸의 울음소리를 듣고 놀라 가 보면 침대에 엎디어 울고 있었습니다. 첼로 연습에 지친 어깨가 너무 아파 잠을 잘 수가 없다고 합니다. 손끝은 첼로의 쇠줄에 갈라져 피가 났습니다. 손에는 약을 발라주고 아픈 어깨를 두드려주며 첼로를 시킨 것을 후회한 적이 여러 번 있습니다.

누구는 나에게 "딸에게 그렇게 힘든 음악을 시키는 것은 자신의 이루지 못한 꿈을 대신하는 것이 아니냐." 하고 묻기도 했습니다. 그럴지도 모른다는 생각도 했습니다. 딸이 연습을 게을리하면 자주 들려주던 말이 있었습니다. "너는 첼로를 시켜 줄 아버지가 있으니 얼마나 좋으니 엄마는 피아노를 배우고 싶었지만 레슨비를 주실 외할아버지가 일찍 돌아가셨기 때문에 배울 수가 없었단다." 그러면 딸은 놓았던 활을 들고 연습을 시작했습니다.

딸이 대학교에 들어가고 일 년이 지나자 내 앞에 앉더니 말했습니다. 어렸을 때는 엄마가 시켜서 한 첼로이지만 지금은 자신 스스로 음악을 한 것을 기쁘게 생각한다며 이렇게 되기까지 이끌어 준 엄마에게 감사하다며 울먹이는 것이었습니다. 나는 말없이 딸을 안아 주었습니다.

나는 딸의 연습곡을 모두 외우고 있습니다. 어느 부분에서 딸이 틀리는 것도 알 수가 있습니다. 또한 딸이 하는 연주회는 평생 다닐 수 있습니다. 이것이 딸에게 첼로를 시킨 대가입니다.

베버가 작곡한 음악 중에 〈무도회의 권유〉라는 왈츠 곡이 있습니다. 그 곡 첫머리에는 무도회에서 남자가 여자에게 왈츠 춤을 권하는 부분을 첼로가 연주를 합니다. 거절하는 여자에게 몇 번이고 다시 춤을 청하는 모습을 음악으로 표현한 첼로 음은 그날 연주하는 오케스트라의 첼로 파트 중에서 제일 잘하는 첼리스트가 연주를 하게 됩니다. 내 딸이 그 곡을 연주하게 되는 날이 오면 딸의 어린 시절을 알고 있는 나의 친구들을 불러 같이 연주도 듣고 조촐한 파티도 열고 싶습니다. 지금처럼 딸이 무대 위에서 오래도록 첼로를 했으면 하는 것이 저의 소망이지요.

나의 딸은 오케스트라 첼로 파트에 앉아 음악을 연주하며 기뻐하는 첼리스트입니다. 오늘도 나는 딸이 연주하는 음악을 들으러 음악당으로 갑니다.

개구리 첫국밥

포도밭이 보이는 넓은 들에 봄은 아직 오지 않았나 보다. 포도나무 가지에는 새싹이 보이지 않는다. 삼월이 지나야 잎이 돋아나는 것일까. 아침부터 나무를 심느라 지친 남편은 느티나무 아래의 돌 위에 앉아 밀짚모자를 벗는다. 바지는 흙투성이다.

몇 해 전, 경기도 안성 난실리에 있는 소명화趙炳華 시인의 고향집 편운재를 찾아간 적이 있다. 담쟁이 넝쿨이 벽을 덮은 집에 시인은 없고 그의 시詩처럼 아름다운 풍경이 있었다. 마당가는 살구나무로 병풍을 두른 듯했다. 나무마다 노란 살구가 가득 가득 매달려 있었다. 어느 날 언덕에 누워 하늘을 보니 몇 조각구름이 흘러가는 것이 보여 즉흥적으로 편운재片雲齋라 이름을 지었다는 곳, 뒤쪽에 있는 라일락 숲은 꽃으로 화려했을 때를 상상할 수 있었다. 풍경에 취하여 주인도 없는 마당에 오래 서 있다가 떨어진 살구 몇 개 주워가지고 그 집을 나왔다.

그리고 얼마 후, 우리도 안성의 동쪽 마을에 넓지 않은 터를 마련했다. 나이 들면 시골에 내려가 사는 것이 남편의 꿈이다. 그 후 그는 일요일만 되면 빈터에서 지냈다. 집을 지으려면 아직 멀었지만 나무를 심고 가꾸기 위해서이다. 자두, 매실, 대추나무, 엊그제에는 목백일홍 세 그루를 심었다.

평생을 포도밭에서 일하는 농촌 사람들은, 나이 들면 내려와 이웃에 살겠다는 남편에게 포도나무 묘목을 가져 와 심어주기도 하고, 밭에서 채소를 뽑아 살그머니 놓고 가기도 한다. 농사일에 서툰 남편은 막걸리를 권하며 나무 심는 것과 채소 가꾸는 것을 묻는다. 그는 이미 밀짚모자가 잘 어울리는 시골 사람이 되었다.

나는 오늘 모처럼 이곳에 내려왔다. 감나무를 심으러 오는 남편을 따라 온 것이다. 농사짓기와 화초 가꾸는 것을 좋아하는 그와는 달리 시골로 내려온다는 것이 두렵다. 도시생활의 편리함 때문이기도 하고 아무도 없는 곳에서 지내야 하는 외로움 때문이기도 하다. 지금도 일은 도우려 하지 않고 느티나무 아래에서 쉬고 있는 그를 멀리서 보고만 있다. 내가 따라오지 않더라도 남편은 혼자라도 이곳에 내려와 살 것이다.

그이가 아직도 바라보고 있는 넓은 들을 보니, 내가 좋아하는 민속설화 〈개구리 첫국밥〉이 생각났다.

어느 봄날, 노인 한 분이 들을 걸어가고 있었다.

이제 따뜻한 바람이 불면 새싹이 돋아나고 아지랑이도 피어나리라 생각하며 아래를 내려다보니, 어느 한 곳에서 연기가 솔솔 피어나고 있었다. 노인은 걸음을 멈추고 앉아 연기가 나는 땅속을 들여다보았다. 아! 그런데 그 연기는 겨우내 땅속에 살던 개구리가 막 해산을 한 아내를 위하여 첫국밥을 끓이는 연기가 아닌가. 어허, 노인은 감탄을 하며 들길을 조심조심 걸어갔다. 그러고 보니 첫국밥 끓이는 연기는 들판 여기저기에서 품어나오고 있었다. 노인은 연기가 나는 곳마다 들여다보며 즐거워하였다.

원래 설화는 금기해야 할 것을 깨우쳐 주거나 어려운 환경을 극복하라는 뜻에서 만들어졌다고 한다. 이 설화도 사실은 아니지만 사실처럼 생각하며 생활에서 기쁨을 찾으라는 교훈이 담겨져 있는 이야기이고, 생각을 바꾸면 세상에는 즐거운 일도 많다는 뜻을 지닌 것이라고 한다. 나는 첫국밥의 설화를 가끔 떠올린다. 설화가 깨우쳐 주는 뜻도 다시 생각해보고, 봄이 오는 들에서 꾸부정한 노인이 땅속을 들여다보고 있는 모습이 한 폭의 수채화처럼 내 마음을 포근하게 하기 때문이다.

저 들에도 봄이 오면 개구리 남편이 아내를 위하여 끓이는 첫국밥 연기가 피어날까. 오늘은 남편에게 설화를 들려주며 나도 같이 내려오겠다는 그동안 망설여 온 대답을 해야 할 것 같다.

나무에 물을 주며 내 이야기를 듣던 남편은 웃었다. "당신은 꿈을 찾아 이곳으로 오고, 나는 과거를 찾아 이곳으로 오는구나." 한다. 자기는 들판을 바라보면 어렸을 적에 친구들과 뛰어 놀던 생각이 떠오른다고 했다. 논둑을 한 줄로 서서 뛰어다니며 연을 날리고, 달리기를 하던 아이들, 어둑해지면 저녁 짓는 연기가 한 집 두 집 피어나고, 탱자나무 울타리 안에서 자기를 부르는 어머니의 목소리가 멀리에서 들려오면 그때서야 날이 저문 것을 알게 되었다고 한다. 돌아가자는 형에게 더 놀다 가자고 떼를 쓰던 아우, 형이 아우를 업고 달래면서 걷던 들판, 이제는 돌아갈 수 없는 시절이 그리워 들이 보이는 이곳에서 살려는 것이다.

시골에 내려오면 이웃과 어울리며 수수하게 살고 싶다. 외로운 대로 불편한 대로 쓸쓸하면 쓸쓸한 대로 지내려고 한다. 더러는 보내고 더러는 잊으며 기다리지 않으리라. 아무리 나이 들어도 철 따라 피는 꽃들에 묻혀 화사하고 향기로운 사람이 되는 꿈도 꾸어볼까. 자연에서 얻어지는 행복들을 소중히 생각하며, 그동안 잊고 살아온 것들을 찾아보는 휴식(休息), 한자 뜻 그대로 나무를 벗삼아 자유로운 마음으로 살아가는 나날이기를 바래보자.

해가 지려고 한다. 흙 묻은 바지를 입은 남자와 앞으로 흙 묻은 바지를 입겠다고 다짐한 여자가 나란히 포도밭 너머로 펼쳐진 들을 바라보고 있다.

남자는 논둑을 뛰어 다니던 옛날을 생각하며 그리운 어머니의 목소리를 듣는가. 여자는 먼 곳을 바라보며 개구리의 첫 국밥 연기가 피어나는 곳이 어디쯤일까 찾고 있다.

석양빛에 물든 하늘과 구름이 아름답다. 봄은 어디쯤 오고 있을까.

그림자

집 앞에는 조그만 다리가 있고 그 다리를 지나면 공원이다. 가끔 그 공원을 산책하며 하늘 높은 줄 모르고 커가는 나무들의 그늘에 앉아 쉴 때가 있다. 친구 J를 배웅하고 오면서 공원 나무 밑에 앉아서 방금 헤어진 그를 생각한다.

친구는 남편의 그늘에 가려 자기의 능력을 키우지 못하고 살아간다. 그의 남편은 아내나 아이들을 자기의 그늘 밑에 가두어 두고 자기의 생각과 방식대로 살아가야 한다고 명령하는 사람이다.

언제 만나도 친구에게 다른 위로의 말을 해줄 수가 없다. 남편의 그늘이 깊다 하여 그 그림자 밑을 떠나라고 할 수도 없기 때문이다. 자기의 의견을 내세워 옷 한 가지 살림 하나 살 수 없는 친구는 오늘도 고개를 숙이고 집으로 돌아갔다.

울적한 마음으로 집 앞의 정원의 나무들을 바라본다. 인생살이나 나무 살이나 별로 다른 것이 없는 듯하다. 나는 십여 년 전 이곳 아파트로 이사 오면서 잔디만 있는 정원에 벚나무, 단풍나무, 라일락 등 세 그루의 나무를 심었다. 나무가 자랐을 때의 간격은 생각하지 않고 심었기에 그 세 그루의 나무들은 서로 엉키어 서 있게 되었다.

커다란 벚나무 밑에 있는 단풍나무는 햇빛을 받으려고 비스듬히 등을 구부리고 크는 모양새이고 라일락은 키는 크지 않고 사방으로 가지를 뻗어가고 있다. 나무 그늘에서는 다른 나무가 자랄 수 없다는 것을 모르고 심은 잘못 때문이다.

조금 떨어진 곳에 있는 언덕을 바라보면 보라색 꽃을 피운 오동나무가 공작의 날개처럼 넓게 서 있다. 오동나무 옆에는 은수원사시가 오동나무 그림자를 비켜서 일정한 간격으로 서 있다. 누군가가 그림자의 넓이를 생각하고 심은 듯하다.

미국에서는 하늘 높은 줄 모르고 크는 싸이프러스 나무를 심을 때는 앞날을 내다보며 심는다고 한다. 그 나무가 다 자랐다고 생각하는 거리에서 10미터 이상 떨어진 곳에 다른 싸이프러스 나무를 심는 것이다. 나무와 나무가 서로의 그림자에 가리지 않게 하기 위해서이다.

사람과 사람의 관계에서도 나무와 나무 사이 같은 생각을 할 수 있다. 상대에게 그림자를 드리우지 않게 하기 위하여 적당히 거리를 두어야 하는 관계들이다. 부모와 자식 사이, 부부 사이, 이웃과 친구들과의 사이가 그런 것이 아닐까. 고궁의 기둥처럼 한 지붕을 이고 있지만 적당히 떨어져서 평생을 서로에게 도움이 되는 그런 사이가 되는 것을 생각해 본다. 어느 한 편이 큰 그림자를 드리운다면 그 그늘 밑에서 살아야 하는 이들은 햇빛이 그리운 나무들처럼 비스듬히 살아갈 수밖에 없는 것이다.

칼릴 지브란의 책에서 부부의 이야기를 읽은 적이 있다. "서로 사랑하라. 하지만 서로 묶는 사슬이 되지 마라. 서로 잔을 채워주어라. 하지만 어느 한 편의 잔만 마시지 마라. 너무 가까이 서 있지 말라. 참나무 떡갈나무 전나무도 서로의 그늘 속에서는 자랄 수가 없는 것이다."

서로의 그늘 속에서는 자랄 수 없는 것이 어찌 나무와 부부 관계뿐이랴. 부모의 그늘 밑의 아이들도 그렇고 정치가의 그늘로 양지를 모르는 국민들도 그렇지 않은가.

그러나 한여름 정자나무 그늘처럼 꼭 필요한 그림자도 있다. 스승의 그림자가 그러하고 평생을 학구에 헌신하는 학자나 훌륭한 종교가도 그러하다. 그래서 그러한 분들을 거목巨木이라 하며 그 그늘 밑에 사람들이 모여드는 것이다.

오늘 아침 남편의 출근길에 투정을 부린 것이 마음에 걸린다. 그것은 얼마만큼 길이의 그림자로 남편의 마음을 가렸는지 알 수 없다. 또한 내 아이들에게도 어머니라는 이름으로 아이들의 마음에 그림자를 드리우지는 않았는지 걱정이 된다.

친구 J도 남편의 그림자만 탓하느라 아이들에게 주는 그림자 생각은 잊고 사는지도 모른다. 다음에 만나면 네가 드리우는 그림자도 있지 않을까 물어보고 싶다.

나도 내일쯤은 작은 톱을 들고 나가 라일락과 단풍나무에게 그늘을 드리는 벚나무의 잔가지들을 잘라주며 내가 가족이나 친구에게 드리는 그림자도 헤아려 보아야겠다.

동그라미 여덟 개

여덟 개의 동그라미들이 늘 나를 골려준다. 저희들이 내게 가장 필요한 것이라는 것을 알고부터는 이곳저곳에 숨었다 나타났다 하면서 아침부터 밤까지 나를 괴롭힌다. 나 하나가 그들을 당해내지 못해 이리저리 찾아다니다가 그래 너희들 알아서 해라 하고 무심해지면 나타나서 나 여기 있어요, 한다.

나에게는 네 개의 안경이 있다. 그것이 여덟 개의 동그라미들이다. 그들은 늘 내 곁에 있어야 하는 나와 공동체이다. 어쩌다가 내가 여덟 개의 동그라미들과 동고동락을 해야 하는가 탄식하다가도 그들이 내게 얼마나 필요한가를 알게 되면 깨끗이 닦아주며 고마워한다.

첫째 안경은 돋보기이다. 어느 날 갑자기 글씨가 잘 안보여서 안과에 갔더니 돋보기를 쓰라며 의사는 태연하게 시력이

0.5라고 적힌 쪽지를 주는데, 어느새 내가 노안이구나 하는 생각에 슬퍼하며 맞춘 것으로 책을 보거나 글을 쓰거나 컴퓨터를 할 때 쓰는 제일 중요한 놈이다.

그런데 거실에서 책을 읽다가 방에 가서 컴퓨터 하다가 다른 것 하려면 벗어서 아무 데나 놓고, 또 부엌에 들어가려고 다른 안경을 쓰고 다니다가 찾아보면 온데간데없이 사라졌다. 아무리 찾아도 없어서 포기하고 있으면 나 여기 있는데요, 하면서 서랍 속 틈새에서 삐죽이 고개를 내민다. 너 왜 여기 있어? 내가 소리치면 아까 메모지 찾는다고 하더니 메모지는 찾지도 않고 어서 밥해야지 하며 둘째 안경을 쓰면서 나를 집어넣었거든요 하며 샐쭉한다.

둘째 안경은 먼 곳이 잘 보이는 근시 안경이다. 운전할 때에 거리 표지판이나 신호등을 잘 보려고 맞춘 것인데 부엌에서 음식을 하거나 살림을 정리할 때에도 요긴하게 쓰는 것으로 빨간 테를 두르고서 나에게 가장 친근하게 구는 것이다. 이제 나가자! 모든 외출 준비하고 둘째 안경을 찾으면 이것도 어디론가 사라져버렸다. 저 없으면 운전할 수 없는 것 알면서도 모른 체하며 어디에 꼭꼭 숨어버린 것이다. 야, 둘째야! 언성 높여 소리쳐도 들은 척도 한다. 약속 시간은 다가오고 마음은 바쁘고 허둥대며 이곳저곳 찾다가 식탁 위의 신문뭉치를 뒤적이니 그 속에서 나 여기 있는데요, 하면서 삐죽거린다.

너는 왜 여기 있는데? 호통치면 아까 신문 본다고 첫째 돋보기를 끼고서 나를 이곳에 던져 버렸어요. 내가? 언제?! 그럼 내가 혼자 여기 들어와 있어요?

셋째 안경도 돋보기다. 다른 돋보기보다 한 단계 도수를 더 높인 돋보기이다. 조각보 바느질을 하거나 무명에 수繡를 놓을 때에 쓰는 것이다. 명주 옷감에 명주실로 꿰매야 하는 조각보는 바늘이 가늘어서 바늘귀에 실 넣기도 기계로 해야 할 정도로 세침細針이다. 그냥 돋보기로 하면 바느질이 거칠고 곱지가 않아서 새로 갖추게 된 안경이다. 무명에 수놓을 때도 얇은 천에 가느다란 바늘로 놓기 때문에 꼭 필요한 안경이다. 그 안경 도수를 처방받는 날 이런 것들 때문에 맞추는 것이라 했더니 의사는 이제 그만 쉬지 그러세요, 이러면 눈이 더 나빠집니다. 나더러 쉬라니요? 이제 가면 그만인 눈인데 많이 쓰다가 가야지요. 내 큰 반응에 젊은 의사는 빙긋이 웃어 주었다.

넷째 안경은 외출용이다. 외출할 때 쓰고 나가는 멀리도 잘 보이고 책을 읽게 되면 가까이도 잘 보이는 도수가 아래 위로 나뉘어진 안경이다. 다른 안경 셋은 모두 동네 안경점에서 맞춘 것인데 넷째 안경은 좋은 것을 사고 싶은데 백화점은 너무 비싸기에 싸게 판다는 남대문 도매 시장을 헤매면서 찾아가 맞춘 것이다. 무엇 무엇이라는 영어로 쓴 명품 이름표를 양쪽 테에 턱 붙이고 있는 것으로 다른 안경 앞에서 폼은 있는 대로 잡고 으스대며 나 또한 이 안경은 깨지면 안 되는데 하면서 조심스럽게 다룬다. 다른 세 개 값 합친 것보다 더 비싼 것이기 때문이다.

안경점에서 그 안경을 찾아서 쓰고 나오는데 주인의 말이 아래로 내려갈 때는 층계를 조심하란다. "내려갈 때는 조심 하여라." 무슨 뜻일까? 물론 위아래로 두 개의 초점이 들어 있으니 어지러울 것이라는 염려로 한 말일 것인데 그 말이 내 안경알 속에 안경 도수보다 더 콕 박혀서 내 마음에서 떠나지 않는다. 그래서 그 안경을 쓰고 밖에 나가는 날에는 나도 세상살이에서 내려갈 나이이니까 하면서 화장도 엷게 하고 옷도 젊잖게 입는다. 조심하라는 풋말 찍힌 안경을 썼으니 말 한 마디라도 마음을 담아서 하고 행동거지 하나라도 조신하게 하며 다니게 된다. 안경의 동그라미 속에 경건한 법문이 있었다.

오늘은 안경 네 개를 같이 놓을 수 있는 나무로 된 약간 넓은 접시를 사왔다. 그곳에 네 놈들을 나란히 놓으니 검은색 붉은색 테 두른 것들이 사남매 오누이처럼 정답다. 서로 좁다고 아웅거리기에 널찍하게 자리 잡아주며 이른다.

"너희들 다 귀하고 예쁘단다. 나 속상하게 아무 데나 숨지 말고 여기에 얌전하게 있어야 한다. 동그라미 여덟 개야!"

그러자 네 개의 안경, 여덟 개의 동그라미들이 한꺼번에 웃는다. "우리들은 가고 싶어도 못 가요. 냉장고 안이나 신문지 속이나 서랍 속에 넣지 마시고 제발 이곳에 놓아 주세요."

오냐!, 아무렴! 동그라미들을 향한 내 목소리가 크게 울린다.

그러나 어찌하랴! 내 인생의 남은 시간 중에서 네 개의 안경,

여덟 개의 동그라미를 찾아 헤매느라 많은 시간을 허비할 것을 나는 이미 알고 있음을.

3부

선운사禪雲寺에서

혼자서 짐을 꾸려 들고 집을 나섰다. 건들마가 불면서부터 고창에 있는 도솔산으로의 여행을 꿈꾸었다. 선운사를 끼고 흐르는 도솔천 맑은 물에 인간에 대한 애증을 다 띄워 보내고 돌아오리라 벼르기만 하다가 초겨울 문턱을 넘어서고서야 집을 나설 수 있었다.

가을 내내 말에 베인 상처로 몹시 앓았다. 진정으로 사랑했던 친구가 던진 칼날이 내 심장 깊숙이 박히는 던 날부터 자다가도 사람이 이럴 수 있는가 싶었다. 그럴 적마다 가슴이 답답해 온몸은 식은땀으로 젖었고, 아침마다 혈압이 떨어졌다. 잊자고 머리를 흔들어도 속절없이 무너진 우정의 탑을 바라보는 심경은 쓸쓸했고 허망했다. 미움조차도 아까워 그마저도 거두어 내니 텅 빈자리에 홀로 남은 내 그림자가 안쓰러웠다. 훌쩍 바람이라도 쐬고 돌아오지 않으면 우울증에 빠질 것 같아서 서둘러 호남선 열차에 올랐던 것이다.

도솔산은 물론 선운사 경내며 도솔천은 어제 내린 눈으로 온통 하얗다. 사철 푸른 동백 숲도 오늘은 눈 속에 묻혀 있다. 구월이면 동백처럼 붉은 상사화가 마애불상이 있는 도솔암까지 십 리 넘게 피어난다고 하는데 어디쯤일까. 봄이면 동백이 오 리, 늦여름이면 상사화가 십 리, 가을이면 단풍이 선운사를 붉게 감싼다 하니 이곳이야말로 옛날 신선이 살던 곳이 아닐까 싶다.

구름[雲]도 머무르면서 뜻을 갈고 닦아 선禪의 경지를 얻는다 하여 절 이름도 선운사禪雲寺라고 하지 않던가.

만세루 처마 기둥에 기대어 눈 덮인 산마루를 바라보다가 길을 묻는다. "나는 어느 길로 가야 합니까?"

그러자 전각 어디쯤에서 환청인 듯 말소리가 들려온다.

"그대, 길을 잃었는가? 나도 길을 잃었노라. 이 길인가 하여 가다가 오고 저 길인가 하여 가다가 돌아오기를 수없이 하였노라."

"그래도 제게 한 마디만 일러주십시오."

"물어 물어서 가거라. 가다가 아니면 돌아와 다시 물어서 가거라."

물어 물어서 도대체 어디로 가란 말인가?

누구는 사는 것을 물 흐르듯이 하라고 한다. 강물처럼 흘러

가라고 한다. 흐르다가 돌멩이가 있으면 부딪치며 지나가고 둔덕이 있으면 돌아서 흘러가고 갈대가 스치면 쓰린 대로 지나가야 바다가 보인다고 하였다. 흐르다가 둔덕을 만나면 거슬리지 말고 굽이굽이 돌아가야 한다는데, 나는 그럴 줄을 몰라서 휘몰아치고 부딪치며 아파하느라 허둥대며 살아왔다. 언제나 강물처럼 유유히 흐르는 이치를 깨닫게 될 것인가. 그것이 알고 싶어 떠난 여행이다.

대웅전 쪽으로 발길을 돌리니 창호지 바른 격자 문 위에 대웅보전大雄寶殿이라는 현판이 걸려 있다. 저 현판은 누가 쓴 것일까? 저 글씨는 추사가 인정해 준 글씨일까? 현판에 얽힌 추사의 일화가 떠올라 현판을 오래도록 바라본다.

옛날에 추사秋史가 제주도로 귀양가는 길에 스님으로 있는 친구를 찾아 땅 끝 마을 해남에 있는 산사를 찾았다고 한다. 추사는 친구와 같이 지내며 귀양 떠나는 심정을 달래다가 법당에 걸려 있는 현판을 떼어내라고 친구에게 말했다. 그 현판은 당대에서 인정받는 사람의 명필인데도 유일하게 추사만이 그를 인정하지 않는 터였다. 멀리 떠나는 친구를 위해 스님은 걸려 있는 현판을 내리고 추사가 쓴 현판을 걸어 주었다고 한다.

6년이라는 긴 세월을 유배지에서 지낸 추사 선생이 그 유배에서 풀리자 제일 먼저 찾은 곳도 친구가 있는 이 산사였다. 친구를 만나서 추사가 처음 한 말은 "내가 쓴 저 현판을 내리고 전에 내린 그 현판을 다시 달아 주시오."였다고 한다. 스님은 말없이 친구의 말대로 현판을 내리고 떼어 놓았던 현판을 다시 걸었다니, 추사도 다른 사람의 것을 인정해 주는 겸손을 배우는 데 6년이라는 긴 세월이 흘렀던 것이다. 하물며 눈 속에 묻힌 선운사에서의 하룻밤을 유숙할 내가 무엇을 비우고 무엇을 채워며 무슨 뜻을 깨우쳐 돌아갈 수 있기를 바랄 것인가.

또 다시 회의가 인다. 산사 왼켠에 있는 도솔천을 따라 걷는다. 어느 해 봄날에는 떨어진 붉은 동백 몇 송이 물에 띄워 흘러가는 것을 보았고, 작년 가을에는 단풍잎 몇 개 주워서 띄우며 물살에 떠내려가는 것을 지켜보았다.

오늘은 동백도 아니고 단풍도 아니다. 가슴속에 품고 온 인간에 대한 애증 한 덩이 꺼내어 물 위에 띄우며 훠이훠이 손 내젓는다. 그래서인가. 흔치 않다는 서출동류西出東流의 계곡물이 주위에 쌓인 눈으로 인하여 더욱 시려 보인다.

나는 돌아서며 다시 나에게 타이른다. 네 앞에 얼마만큼의 길이 남아 있을지는 아무도 모른다. 다만, 길이 막히면 어디로 가느냐고 물어서 가리라. 굽이굽이 돌며 거슬리지 않고 부딪치며 휘돌아 갈 양이면 상처난 곳 부둥켜안고서도 가리라. 가다가 그 길이 아니면 되돌아와 또다시 물어서 가리라. 바다에 이르지 못해도 실망하지 말라고 타이르다 보니 사위는 어둠에 잠기고, 도솔천 숲은 고요하고 아늑하였다.

누상동樓上洞에 불던 바람

석양이 물든 산등성이에서 바람에 흔들리는 억새풀을 본 적이 있느냐고 누가 물었다. 그런 곳이 어디에 있는가 물으니 강원도 정선旌善에 가 보라고 한다. 자기는 그때 그 황홀한 절경을 바람 속에서 바라보며 세상은 참 살만한 곳이라고 외쳤다고 한다. 그는 소설가였다.

늦가을이 되면 그곳에 가 본다고 벼른 것이 몇 해인지 모르겠다. 갈대가 눈속에 묻혀 누워 있을 깊은 겨울이 되어서야 붉은 저녁 빛을 받으면서 바람에 흔들리는 억새풀 생각에 때늦은 후회를 한다.

바람에 날려서 아름다운 것이 어디 억새풀뿐이랴. 여행길에 만난 너와집 그집 굴뚝에서 나오는 연기가 바람을 따라가다가 사라져버리는 저녁풍경, 미풍에도 흰 초롱을 흔드는 호숫가의 섬초롱 꽃, 화엄사 돌계단을 오르며 듣던 대숲의 바람소리, 산사의 처마 밑에서 바람 따라 울고 있는 풍경소리, 강화도 바닷가에서 온 가족이 뛰어다니며 날리던 봄바람 속의 가오리연, ,그 많은 것 중에서 다시 보고 싶고 그리운 것은 누상동집 언덕 바위 옆에서 바람만 불면 가지를 흔들던 진달래다.

인왕산 아래에는 누상동이 있다. 경복궁 뒤쪽 누하동 위에 있는 동네이다. 신혼 초에 그곳에서 살았다. 공부 잘하는 막내 시동생이 지방에서 올라와 그 근처에 있는 K고등학교에 입학을 했다. 하숙을 구하겠다는 것을 굳이 내가 데리고 있겠다고 하여 학교 가까이로 이사를 했던 것이다. 백 개의 돌계단을 올라가야 보이는 집, 인왕산이 울타리였고 산 바위들이 담이 되는 산속의 집이었다.

그 집에서는 늘 바람소리와 물소리가 들렸다. 바람은 산을 타고 넘어와 우리 집 마당에서 머물고 인왕산에서 흐르는 물의 수로水路가 안방을 통과하기 때문이었다. 마당에는 바람이 가득하고 장판 밑에서는 어느 때는 졸졸졸 어느 때는 쏴 하는 물소리가 났다. 마당 한켠에는 큰 돌이 있었다. 그 돌 옆에는 진달래 몇 그루가 바위를 감싸고 있었는데 이른 봄이면 산진달래보다도 먼저 피어나 우리를 기쁘게 했다. 두 살 된 딸은 바위에 앉아 진달래를 바라보며 놀았다.

나는 그때 무엇이 그리 허전한지 바람에 흔들리는 진달래를 보면 슬픔 같은 것이 가슴으로 스며들었다. 시댁에서 보내온

쌀가마니가 그득한 방을 들여다 보며 저것을 팔아 소설 공부를 할까 생각하기도 하고, 아이를 두고 어디 먼 곳으로 여행을 다녀올까 생각하기도 했다. 마음까지 인왕산 바람에 흔들리고 있었던 시절이었다.

어느 봄날, 경복궁에서 주부백일장이 열린다고 했다. 열 살이 조금 넘은 심부름하던 아이에게 어린 딸을 맡기고 그곳으로 갔다. 나무 그늘에 앉아 글을 쓰고 있는데 갑사기 비가 오기 시작했다. 지나가는 비로 알았는데 장대비가 줄곧 쏟아졌다. 한 시간이 지나자 고궁은 물바다가 되어 버렸다. 아이들이 걱정이 되어 원고지를 가방에 넣고 무릎까지 찬 물을 가르며 밖으로 나왔다. 우리가 사는 집은 안방 밑으로 내려가는 물이 넘치면 물바다가 된다는 소리를 들었기 때문이다. 길에는 하수구가 막혀 물이 허리까지 차고 차들은 물속에서 움직이지를 못했다. 길에 물이 빠지기를 기다리는 한 시간여가 십 년처럼 길었다. 물이 빠지자 백 개의 계단을 나는 듯 뛰어올라 집으로 왔다.

아이들은 방 안에서 놀고 있었다. 방 밑으로 내려가는 물소리만 폭포소리처럼 크게 들리고 있을 뿐이었다. 그날부터 내 가슴에 불던 글 쓰고 싶은 바람과 여행하고 싶은 바람은 사라져버렸다.

나는 다시 십자수를 놓고 뜨개질을 하며 조석 반찬을 준비하려 높은 돌층계를 오르내렸다. 집 가까이 있는 `경복궁은 어린 딸과 산책하기에 좋은 곳이었다. 내 마음에 바람이 사라지자 남편의 건강이 나빠졌다. 장이 좋지 않아 늘 병원에 다녔고 딸아이도 자주 아팠다. 그때 내가 즐겨했던 일은 옥양목 이불홑청을 깨끗이 빨아 헹구고 또 헹구어 바람에 말리는 것이었다. 산바람이 내려와서 이불홑청을 펄럭이며 지나가면 홑청은 푸른색으로 변하는 것 같았다. 바위에 앉아서 푸른 홑청을 바라보며 늘 가족의 건강을 걱정했다.

시동생이 대학에 입학하고 우리는 누상동을 떠났다. 이사하는 날 돌층계를 내려오며 인왕산을 바라보았다. 바람이 불고 있었다. 저 바람이 조금 있으면 우리 집으로 내려와 바위에 머물며 우리들을 찾고 있겠지 하는 생각을 했다.

오랜 세월이 지났지만 누상동에 살던 시절이 그립다. 아름다운 젊음이 있었고 늘 마음이 허전하여도 호사스러움에는 욕심이 없던 시절이었으며, 그보다는 동기간을 위하여 산속으로 이사하고 돌층계를 오르내리면서도 불평이 없던, 지금은 나에게 없는 따뜻한 마음을 지니고 살던 시절이었기 때문이다.

지금도 그집 뜰에는 산에서 내려온 바람이 마당을 지나 바위 옆에 핀 진달래를 흔들고 있으려나 눈을 감아본다.

가을 하늘 아래서

언덕에는 시월의 새벽바람이 불고 있다. 떨어진 은행잎 몇 장을 주워 들고 언덕을 넘는다. 단풍나무와 너도밤나무가 있는 숲길 옆에는 자그마한 성당이 보인다. 가까이 가서 보니 '나자로 마을 성당'이라는 현판이 있다. 이곳이 바로 음성 나癩환자들이 모여 미사를 드리는 성당인 듯 새벽미사 준비를 하는 수녀님들의 모습이 새벽안개 사이로 보인다.

서울 근교 한 산속에 '아론의 집'이라는 피정의 집이 있다. 나는 그곳에서 사흘 동안 성당에서 행복한 결혼생활을 위한 프로그램인 M. E(marriage encounter)과정을 지내고 있는 중이다. 오늘은 모두가 잠을 자는 이른 새벽에 나 혼자 일어나 언덕 너머의 이곳을 찾아온 것이다.

나환자의 섬 소록도와 이곳의 나자로 마을 나환자들의 안식

처이다. 소록도에서는 병을 치료하고 나은 사람들을 밖의 세상으로 보내지만 세상은 그들을 외면한다. 그런 그들을 다시 받아주고 살도록 하며 병을 치료해 주는 곳이 이곳 나자로 마을이다. 순교정신으로 그들을 헌신적으로 보살피는 분이 이경재 신부님이시다. 사람들은 그분을 한국의 슈바이처라고 부르고 있다.

슈바이처 박사는 아프리카의 오고웨 강가에 있는 랑바레네라는 진흙 밭에 병원을 세우고 아프리카의 나환자들을 치료했다. "내가 사물을 생각하는 사람이라면 나 이외의 다른 생명에도 경외하는 마음을 가져야 한다." 진흙탕의 운하에 카누를 타고 찾아오는 손님들을 반기며 슈바이처 박사가 늘 한 말이다. 박사는 늦은 밤에도 책을 읽으며 강 쪽에서 나는 작은 소리에도 귀를 기울였다고 한다. 급한 치료를 받으려고 환자가 강을 건너오지 않을까 해서이다.

이곳의 이 신부님도 그러하시다. "머지않아 우리들의 사랑의 씨앗은 싹 트리라." 찾아온 환자들에게 늘 들려주는 말이다. 신부님은 회갑이 되던 해에도 회갑연을 사양했다. 대신 그 달에 있는 어느 환자의 회갑 상 옆에 끼어 앉아 케이크를 나누며 환자들이 합창하는 생일 노래에 눈물을 글썽였다고 한다.

가을이 되어 낙엽이 지는 소리에도 신부님은 귀를 기울인다. 어느 급한 환자가 신부님을 찾아올까 해서이다. 그래서 성당 옆 그분의 작은 방에는 늘 늦게까지 불이 켜져 있는 것을 볼 수 있다고 한다.

슈바이처 박사는 낡은 외투에 헌 모자를 쓰고 삼등열차를 타고 독일로 약품을 얻으러 다녔다고 했다. 이 신부님은 로만칼라 옷 한 벌로 '국제 거지'라는 별명을 달고 세계를 돌며 후원금을 얻어 나자로 마을로 돌아온다.

나는 나환자들에게 관심을 갖지 않았다. 천형의 그 병을 앓고 있는 사람들이 아직도 있나 생각하며 만약에 있다면 그런 사람들은 소록도라는 섬에서 생활하고 있겠지 하는 상식만 있을 뿐이었다. 그러나 의외로 나환자가 많다는 사실을 요즈음 알게 되었다.

슈바이처나 이 신부님은 진흙 속에서 볼품없어 보이는 나무들을 정성들여 가꾸고 살아가는 삶을 살고 있다. 누구에게 보여 주려는 것이 아닌 생명이 있는 것을 귀히 여기는 아무나 할 수 없는 헌신적인 생활을 하는 삶이다.

나자로 마을에는 병의 후유증으로 앞을 못 보는 환자도 많다. 그들에게 빛을 찾아주는 안과수술을 해 주는 의사들이 있다. 그들은 일본인이라고 한다. 그 의사들은 개인적으로 휴가를 이용하여 자비를 들여 수술을 해주고 돌아간다고 한다. 슈바이처를 도우려 아프리카로 달려가던 의사와 간호사가 있었듯이 기꺼이 수술을 자청하는 외국의사들이 있기에 나자로 마을은 언제나 희망이 있다.

나는 아이들의 귀가가 늦는 밤이면 창가에 귀를 기울이며 기다릴 때가 있다. 초조함을 달래느라 하늘도 보고 바람 소리에도 고개를 돌린다. 그러노라면 환자인가 하여 늦은 밤 작은 소리에도 강가로 귀를 기울이던 슈바이처 박사의 모습과, 밤늦게까지 불을 밝히고 낙엽 지는 소리에도 환자인가 하여 놀라는 이 신부님을 생각하게 된다.

나자로 마을을 다녀온 지 며칠이 지났다. 나는 오늘 이 신부님으로부터 한 통의 편지를 받았다. "환자들의 겨울 난방비를 마련하려고 미국으로 떠납니다. 두 달 후에 돌아오겠습니다." 적은 액수의 회비를 보냈더니 답신을 보내신 것이다. 다달이 보내는 회비가 많거나 적거나 신부님의 답신은 한결같다.

오늘도 편지를 읽으니 오직 내 식구만 위하여 살아가는 나 자신이 부끄럽고 신부님의 따뜻한 마음을 생각하니 가을 하늘 아래서 내 가슴은 시려온다.

두 노인

충청도 어느 마을에 죽마지우竹馬之友인 친구 둘이 살고 있었습니다. 그들은 학교에는 다니지 못했으나 ≪천자문≫을 배웠고 ≪명심보감≫도 읽었습니다. 어렸을 때에는 늘 함께 다녔습니다. 새를 쫓으러 들에 나갈 때도, 알밤을 주우러 뒷산에 오를 때도 항상 함께하였습니다.

그들은 성장하여 장가도 한 해에 들었습니다. 친구 하나는 윗마을 감나무 집 둘째딸을 아내로 맞이하고 하나는 읍내의 방앗간 집 딸과 혼사를 치렀습니다.

아들도 하나씩 두었습니다. 그 아들들도 아버지처럼 친구가 되었습니다. 자기 아버지가 만들어 준 연을 날리며 연 싸움도 하고 겨울이면 아버지들을 따라 토끼사냥도 갔습니다.

아이들은 초등학교와 중학교도 그 마을에서 나란히 다녔습니다. 고등학교 때는 학교가 달라 서로 헤어졌습니다. 감나무 집 딸이 어머니인 아들은 근처의 농업학교로 가고 방앗간 집 딸이 어머니인 아들은 도시의 고등학교에 입학하였습니다. 아들들은 방학 때에만 만나서 이야기를 나누었습니다.

도시에서 고등학교를 다니는 아들을 뒷바라지하는 아버지는 농사지은 것이 그 아들에게 다 들어가도 힘이 들지 않았습니다. 그 아들 때문에 누이들은 중학교만 다녀야 했습니다.

서울의 명문대를 나온 그 아들은 미국으로 유학을 떠났습니다. 그곳에서 결혼을 했다는 연락이 왔습니다. 사진으로만 며느리 얼굴을 보았습니다. 아들은 공부하기가 힘이 든다는 편지를 가끔 보내옵니다. 손자도 생겼지만 "할아버지!" 소리 한 번 듣지 못했습니다. 아들이 박사학위를 받았다는 소식이 왔습니다. 이제는 돌아오겠구나 하며 기다리지만 그곳 연구소에서 몇 년 더 머물기로 했다는 연락이 왔습니다.

박사의 아버지는 환갑 상을 받으며 처음으로 눈물을 흘렸습니다. 덩실덩실 마당에서 춤을 추는 농네 사람들도 술잔을 올리는 딸들의 얼굴도 눈물에 가려 보이지 않습니다. 국제공항 출국장을 나서며 아들은 빨리 돌아오겠다며 인사를 했습니다. 그때 붙잡지 못한 것을 후회도 해 봅니다. 아들이 보내준 돈으로 해 입은 비단옷에 눈물이 떨어집니다. 아버지는 목놓아 울고 싶습니다.

농업학교에 다니던 친구의 아들은 면서기가 되었습니다. 시외버스 정류장 옆, 긴 깃대에 태극기가 달려 있는 면사무소에 들어가면 그 아들이 의젓하게 사무를 보고 있습니다. 동네 어른들께는 공손하고 예의 바르며 부모에게는 효자입니다. 아들은 출근할 때마다 논의 물꼬를 보살피고 벼가 자라는 것을 보살핍니다. 퇴근할 때는 고기도 사 들고 들어오고 월급을 타면 아버지를 모시고 읍내로 나가 맛있는 음식도 사 드립니다. 달덩이 같은 손자는 할아버지 품에서 재롱을 부립니다. 참한 며느리는 동동주도 담아 시아버지께 반주로 내놓고 알뜰하게 살림하여 논 몇 마지기를 더 장만하였습니다.

면서기 아버지는 박사 아버지에게 늘 미안합니다. 내 아들을 보시오 자랑도 하고 싶습니다. 그러나 공부 잘하는 그 친구의 아들 자랑에 탁주를 마시며 서글퍼하던 옛날을 생각하여 참고 있습니다. 자랑을 하지 않아도 늘 눈으로 확인하는 일이 많기 때문이기도 하지요. 면서기 아버지는 자식은 공부를 많이 시킬수록 멀리 달아난다는 옛 어른들의 말씀을 가끔 생각합니다.

가을이 왔습니다. 면서기의 아버지는 박사 아버지에게 냇가로 천렵을 나가자고 했습니다. 물은 예나 다름없이 흐르고 어렸을 때 둘이 미역 감던 곳에는 풀이 무성합니다. 두 노인은 잠시 냇가에 앉아 시조를 읊습니다. 그리고는 바지를 걷고 냇물에 들어가 고기를 잡았습니다.

점심시간이라며 면서기 아들이 자전거를 타고 냇가로 달려

왔습니다. 아들은 두 노인이 잡은 고기를 깨끗이 손질하여 어죽을 끓여주고 갑니다. 아들이 놓고 간 봉지에는 갖가지 과일이 가득 들어 있습니다. 면서기 아들이 멀리 사라지자 박사 아버지는 김이 오르는 죽 그릇을 바라보며 탄식을 합니다.

"면서기가 제일이다. 면서기가 제일이야!"

냇물은 소리 없이 흐르고 가을 햇빛은 두 노인의 굽은 등을 어루만져 주는 듯 환하게 비치고 있었습니다.

삶의 그림, 몇 점

비 내리는 봄날, 수繡를 놓는다. 색색의 실을 가느다란 바늘에 꿰어 어제는 엉겅퀴를 놓았고 오늘은 연꽃을 놓고 있다. 한 방울 두 방울 떨어진 물방울이 오랜 시간이 지나면 양동이에 가득 채워지는 것처럼 한 땀 한 땀 놓은 것이 어느새 꽃잎이 되고 이파리가 되어 한 송이 꽃으로 피어날 때의 기쁨은 크다.

처음에는 조각보를 시작했었다. 모시로는 찻잔 받침이나 식탁 러그 등을 만들고 비단으로는 조각을 이어 주머니나 보자기의 소품을 만들었는데 어느 날부터 자연스럽게 수를 놓게 되었다. 조각보의 꿰맴은 대단히 섬세하여 실처럼 가느다란 바늘로 천연색 물을 들인 비단에 오랜 시간을 정성을 들여도 마음에 안 들 때가 많기 때문이었다. 그렇다고 비단에 꿰맨 실을 뜯을 수도 없어 안타깝게 못난 바느질 솜씨를 보고 있으려면 마음이 좋지 않았다. 간단하게 무명에 수를 놓고 잘못되었으면 뜯을 수도 있는 것이 편리한 수를 놓기 시작했던 것이다.

조각보는 숙고사 비단에 천연에서 나는 치자나 쪽 그리고 땡감이나 쑥을 이용해서 물감을 들여 만든 조각 천들을 이어서 바느질을 하는 것이라 실보다는 천이 더 중요한 것이고 수는 무명에 실로 모양을 만들어내는 것이니 색색의 실이 더 중요한 것이 다르다. 무명은 여러 번 삶아서 햇볕에 말려 다려서 놓고 쓰고 있다.

수놓기는 모방화가로 만들어 주었다. 화가들의 그림을 다시 내가 종이에 그리거나 복사해서 밑그림 수본으로 쓰고 있기 때문이다. 고흐의 〈아이리스〉를 수놓는 날은 그가 그림을 그리는 것처럼 보라색으로 피어난 꽃잎과 줄기를 수놓으며 그의 마음을 따라가는 듯이 바늘을 꽂는다. 이렇게 고운 꽃을 그린 고흐는 왜 평생 마음의 병으로 고통스럽게 살아야 했던가 궁금해 하고 해바라기의 정열적인 꽃을 수놓으면서는 그는 어쩌면 따뜻한 정이 그리운 사람이 아니었을까 하는 생각도 했다. 꽃병에 꽂은 아이리스에도 정원에 핀 해바라기 그림에도 꽃잎마다 빛이 가득한 것을 알게 되었기 때문이다. 늘 마음이 울적한 고흐는 따스하고 평안한 빛을 꽃에게 비치게 그리면서 스스로 평안을 얻지 않았을까.

이왈종 화백의 풍경화를 수놓으면서 화가의 마음에는 사계절은 없고 봄만 있음을 알게 되었다. 그의 그림에는 평안함과 사랑이 가득해서 수를 다 놓을 때까지 나도 더불어 행복하다. 집 뒤에는 붉은 꽃이 무리지어 피어 있는데 마루에서는 시어머니와 며느리가 다듬잇소리를 내고 있다, 그 그림을 수놓을 때 나도 그 봄 속으로 들어가 마당에는 야생화 몇 포기 더 수놓아주고, 집 뒤의 대숲을 수놓을 때는 바람에 흔들리는 느낌을 주려고 대나무를 약간 기울게도 수를 놓는다. 부부가 마주앉아 이불 홑청을 잡아당기는 모습에서는 그 아내에게 그림의 색과는 다르게 노랑 저고리에 빨간 치마를 입혀서 수놓아주며 당신들은 지금 신혼이야! 하며 혼자 즐거워하기도 했다.

지금은 남궁문 화백의 그림을 선택했다. 그의 책 ≪산티아고 가는 길≫은 나에게 수를 놓게 하는 그림들이 많다. 긴 여름 내내 산티아고의 머나 먼 길을 배낭 하나 메고 끝없이 가는 길을 그리며 쓴 책에는 단순한 드로잉이 많아 선으로만 수를 놓을 수 있기 때문이다. 자기 키보다 높은 지팡이 하나에 벙거지 모자를 쓰고 자신의 몸을 의지하며 걷는 수도자의 모습을 그린 연필 크로키를 수놓으며 그는 왜 그렇게 외로운 길을 걸어야 하는가 생각해 본다. "하늘과 땅, 그 사이에 내가 걸어갑니다. 얼마나 더 가야 하는 길인지는 모르지만, 그저 하늘과 땅 사이를 걸어갑니다. 존재하는 건 오직 하늘, 땅, 그리고 나입니다. 이 세상입니다." 길 위에서 자기 존재의 의미를 새기며 걷는 화가의 독백까지 수놓을 수 없음이 안타깝다.

수를 놓으며 우리의 삶도 한 폭의 그림 그리기라고 생각해 본다. 사람들은 오랜 세월을 자신의 그림들을 자기의 색깔로 그리며 살아가고 있다. 처음에는 인생이라는 화폭에 멋모르고 이런저런 그림을 그리다가, 언제부터인가는 주제를 정하고 색을 정하고 이미지를 넣으며 행복을 그리고 기쁨을 그리며 고통과 불행도 그려간다. 어제 그린 어두운 벽에다 오늘은 다시 문을 그려서 열리게 한다. 문 밖으로 보이는 풍경도 어제는 절벽으로 그렸는데 오늘은 오솔길도 그리고 나무가 무성한 숲으로 그리기도 하며, 진흙과 돌이 굴러다니는 개울을 그렸다가 지우고 오늘은 오리가 헤엄쳐 다니는 잔잔한 호수를 그리기도 한다. 그렇게 그린 그림들이 열두 폭 병풍처럼 나를 말해주는 나의 둘레가 되고 내 가족이 되고 내가 누구인가를 이야기해주는 인생이 되는 것 같다.

좋은 그림만 그리고 싶다고 하여 좋은 그림만 그릴 수 없는 것이 인생의 화폭이다. 삶을 그릴 때에는 무슨 그림을 그릴까 계획을 세우고 무엇을 그릴까 지혜를 모으고 어떻게 그릴까 덕을 쌓으며 나만이 아닌 이웃들과 더불어 그림을 그린다고 생각하면 세월 속에서 자기 색깔의 좋은 그림이 표현되지 않을까 싶다. 그렇게 그린 그림 중에 아, 이 그림은 정말 좋다! 하며 스스로 감탄할 때가 성공한 삶이 될 것이다.

언제나 어설픈 그림을 그리며 살아온 나. 세상을 떠날 때, 의미 깊게 기억할 수 있는 내 삶의 그림 몇 점을 나를 아끼는 사람들의 가슴속에 남기고 가고 싶다면 너무 욕심을 부리는 것인가?

풀잎에 맺힌 이슬같이

내가 성당에서 세례를 받은 지는 7년, 견진성사를 받은 지는 3년이 되었다.

그러나 하느님께 부끄러운 가톨릭 신자이다. 주일미사를 지키지 못할 때도 많고 기도생활도 충실하지 않으며 봉사활동도 이 핑계 저 핑계로 하지 못하기 때문이다.

어느 날 친분이 있는 사람이 대모를 서 달라는 부탁을 한다. 대모란 인간이 사는 세상에 보호자인 부모가 있듯이 신앙생활을 도와주고 이끌어주는 신앙의 보호자를 뜻한다. 영세를 받을 때도 같이 참석하여 세례식의 절차를 도와주고 그 이후로도 종교적인 후견인 노릇을 해주는 관계로 남자에게는 대부代父 여자에게는 대모代母가 필요한 것이다.

나는 사양하였다. 신앙적으로 부족한 것이 많은 것은 물론이고 인간생활에서도 내 아이들조차 이끌어 가기 힘이 드는데 어찌 다른 대녀代女를 갖겠느냐고 했다.

그러나 어쩔 수 없이 승낙을 해야 했다. 자기를 가톨릭으로 들어서게 한 것도 나 때문이라는 것과 대모와 대녀가 종교적으로 부족하면 서로 채워가며 지내는 것이 좋지 않겠느냐는 설득 때문이었다. 이제 서른을 갓 넘긴 그녀는 세례명을 '에스터'라고 지었다고 일러준다.

에스터가 세례를 받는 토요일 오후 장대비가 내리고 있었다. 꽃집에 들러 장미꽃을 샀다. 그리고 흰 미사 보와 묵주를 준비했다. 흰 미사 보는 영원한 생명을 얻는 첫 영성체를 축하하는 뜻이었고, 묵주는 옳은 신앙생활에서 기도를 통하여 남보다 현명하게 살기를 바라는 마음에서 산 것이다.

성당에 들어서니 영세자들은 긴장한 얼굴을 하고 앉아 있다. 한복을 입은 여자들과 정장을 한 남자들의 모습이 화사하다. 그들은 세례를 반기 위하여 몇 개월 동안 교리공부를 하였다. 또한 충분한 시간을 생각하고 지내며 선택한 종교이다.

세례예식에는 세례자의 진정한 의도와 그리스도께 대한 믿음을 확인하는 '첫 질문' 악에서 보호해 주기를 청하는 '구마기도'와 '신앙고백' 죄를 씻어내는 '물로 씻음' 신자로 축성됨을 의미하는 '기름 바름' 등의 의식이 있다. 계속되는 절차를 진행하면서 참회의 눈물을 흘리는 사람들이 많다.

얼마 전에 딸아이가 영세를 받을 때였다. 세례식을 끝내고 나오는 딸의 눈이 부어 있었다. 웬일이냐고 놀라니 세례식을 하는 동안 내내 울었기 때문이란다. 지금까지 살면서 잘못한 것이 너무 많아 부끄러움에 울었다는 딸을 보면서 착한 심성을 지닌 아이라는 것이 좋아 손을 꼭 잡아 주었던 생각이 난다.

나는 고개를 들어 영세자들의 뒷모습을 바라본다. 무릎을 꿇고 고개를 숙인 채 자기의 지나온 생을 반성하는 모습은 경건하다. 나의 부족함을 채우느라 이웃의 불행을 보지 못한 것, 남의 마음을 다치게 하고도 내 탓이 아니라고 외면하며 살아온 것, 잘살기 위함이라며 남에게 피해를 준 것 등 크고 작은 여러 가지의 잘못이 고개를 들 수 없게 하는 장면이다.

세상을 살아가면서 가끔은 이런 의식을 치르며 자기를 뉘우치는 시간을 갖는 것은 좋은 일이다. 자기 가슴에 밝은 불을 켜 놓고 뒤돌아보는 의식이 사람을 변하게 하기 때문이다.

세례식은 오래 계속되었다. 심판 날까지 깨끗한 마음을 보존한다는 의식으로 흰 미사 보를 에스터의 머리 위에 얹어 주었다. 또한 파스카 초에 불을 붙여 그녀에게 전해준다. 그리스도를 통하여 빛을 얻는다는 의미를 갖는 의식이다. 이제 에스터와 나 스텔라는 신앙으로 맺어진 모녀 사이가 되었다. 그녀의 신앙생활이나 가정생활에 기쁨이 충만하기를 기원한다.

마지막으로 신부님은 모든 영세자들에게 '성부와 성자와 성신의 이름'으로 강복을 내린다. 나는 장미꽃 다발을 에스터에게 주며 축하해 주었다. 에스터는 젖은 눈으로 나를 바라본다.

지금 같은 마음으로 세상을 산다면 무엇이 두려우랴. 자기를 반성하고 겸손하며 세상살이에 어려움이 있어도 잘 견디는 사람이 되기를 축원하며 성당을 나왔다.

밖으로 나오니 비는 여전히 내리고 있다. 우산을 쓰고 꽃다발 속에 묻혀 기념촬영을 하는 이들의 얼굴은 더 없이 행복해 보인다. 성당 안에서는 합창단이 성가를 부르고 있다.

"풀잎에 맺힌 이슬방울같이 이 세상 덧없이 지나네…."

풀잎에 맺힌 이슬방울같이 덧없이 지나가는 것이 인생이구나……. 나도 노래를 따라 부르며 비 내리는 성당 뜰을 나섰다.

아버지와 아들

아들은 대야에 따뜻한 물을 담아와 아버지의 발을 담그고 발등을 쓸어줍니다.

수건으로 발을 닦은 후에 아버지의 발톱을 깎아 줍니다. 아버지 발밑에 뭉쳐 있던 설움도 같이 깎아 줍니다.

다칠까 발에 힘주는 아버지께 아들이 타이릅니다. 아버지 힘 빼세요. 그래야 다치지 않습니다. 그리고 편안한 마음으로 있으세요.

앞으로 모든 것에도 그렇게 살아가세요.

엎드려 나이 든 아버지 발톱을 정성스럽게 깎아 주는 아들의 등 뒤에서 어린 손자가 두 손을 맞잡고 서서 그 모습을 경건하게 내려다봅니다.

아마, 이다음에 나도 크면 우리 아버지에게 그렇게 해야지 생각했을까.

발톱을 다 깎은 아들은 양발을 신겨주며 아버지께 말합니다.

장한 아버지! 고마우신 우리 아버지!

그래서 오늘 나는 그 아들의 어미로서는 기쁘고, 그 아버지의 늙은 아내로서는 슬펐습니다.

서툴게 그린 그림

우리 집 거실에는 J화백의 그림 한 점이 걸려 있다. 사간동 화랑에서 산 판화이다. 한가한 날이면 그 그림 앞에서 오래 서 있을 때가 있다. 초등학교 저학년이 그렸다고 해도 믿을 만큼 구성이나 화법이 서툴러 보이는 그림이다. 그러나 워낙 유명한 화가이고 그림 값이 비싸니 서투르게 그렸다고는 할 수 없고 화가의 순수한 마음을 그대로 화폭에 옮겼다고 생각하며 그림을 바라본다.

그 그림을 보고 있으면 가까운 이와 산책을 하며 이야기를 나누는 듯 편안하고 정겨운 생각이 든다. 어느 때는 내가 주인공이 된 듯 그림 속으로 들어가 툇마루에도 앉아 보고 싸리문 밖에서 안채를 기웃거리기도 한다.

그림의 제목은 모른다. 그림에는 산 밑에 싸리문을 단 초가

집 한 채가 있다. 산 위 하늘에는 해와 반달이 나란히 떠 있고 먼 하늘에는 철새들이 줄지어 날아가는데 삽살개가 새들이 날아가는 쪽을 향하여 컹컹 짖는 모습도 있다. 댓돌에는 검정 고무신 두 켤레가 놓여 있고 방 안에는 바깥주인이 앉아 무엇을 생각하는가, 싸리문 밖에는 벌거벗은 사내아이 혼자 뛰어놀고 있다.

무엇인가 부족한 듯하고 아쉬운 듯하다. 수채화나 유화가 아니고 선으로만 처리되어서 그런 것일까. 그러나 오래 보고 있으면 고향집 뒷동산에서 내 집을 내려다보는 듯 즐겁고 뛰어노는 아이가 나인 듯 행복해진다. 비어 있는 여백에는 무엇인가 아쉬워 내 마음대로 구름도 그려 넣고 강아지 한 마리도 더 그려 넣기도 하며 그림을 감상할 때도 있다.

슈베르트의 〈미완성 교향곡〉을 즐겨 듣는 이에게 그 이유를 물은 적이 있다. 그 사람의 대답은 미완성이라는 제목부터 좋다고 한다. 미완성이란 아직은 완성되지 않은 것이고 그 부족함이 사람에게 여유를 준다고 했다. 그 곡을 완전히 이해 못하면 미완성이니 그렇겠지 하는 핑계도 댈 수 있고 완성했더라면 얼마나 더 좋은 곡이었을까 생각하는 재미도 있다고 했다. 그래서 자주 듣다 보니 〈미완성 교향곡〉처럼 완벽한 완성곡도 드물다는 것을 알게 되었다고 한다. 아마 그 곡의 제목이 〈미완성 교향곡〉이 아니었다면 다른 곡처럼 예사롭게 듣고 말았을 것이라고도 했다.

어느 예술작품에서나 한 획이나 한 점, 그리고 하나의 선과 한 음절, 또한 첨가하는 한 문장에 의해서 예술작품으로서의 완성도를 높게 한다. 그러나 어느 화가는 작품의 완성도는 생각하지 않고 보는 사람들의 마음에 여유를 주기 위해 마무리 작업을 한다고 들었다. 무엇인가 아쉬운 듯 끌려오는 사람들의 마음을 생각하고 그 모자람에 편안해 하는 사람들의 마음을 헤아리는 것, 그런 것들이 몇몇 예술작가들이 생각하는 미완성의 여유로움이 아닐까.

어느 집을 방문했을 때 그 집안이 너무 깔끔하면 거북함을 느낀다. 가구나 그릇들이 반짝이는 집에 가면 주눅이 든다. 어느 한구석이 걸레질이 빗겨나가 먼지가 보이는 집이나 싱크대 위에 있는 냄비에 그을림이 있는 집에서는 오히려 편안함을 느끼고 허리를 펴고 앉아 있을 수 있다.

내가 결혼하고 얼마 후에 시댁에 설을 맞으러 가야 했다. 갓 결혼한 며느리로서 시부모님께 선물할 것이 걱정이었다. 궁리 끝에 시아버님 스웨터를 짜 드리기로 했다. 머플러나 장갑 외에는 짜본 일이 없는 나는 실을 사다가 감아놓고 편물책을 보면서 코를 줍기 시작했다.

신혼 방은 추워서 장갑을 끼고 뜨개질을 해야 했다. 장갑을 낀 둔한 손놀림도 문제였고 더욱 난감한 것은 아버님의 사이즈를 모르는 일이었다. 한참 뜨다가 클 것 같아 풀어내고 작을 것 같아 다시 풀기를 수차례 거듭하였다.

한 달 가까이 되어서야 서투른 솜씨가 이곳저곳에서 보이는 스웨터가 완성되었다. 그것을 아버님께 드리니 "편하고 좋다." 하신다. 작은 듯한 스웨터를 입고 하시는 말씀이 송구스러웠다. 부족한 솜씨로 정성을 다하여 떠 온 새 며느리의 마음을 생각하신 듯 내가 머물고 있는 동안 내내 입으셨다.

며느리와 마주치기만 하시면 "따듯하다." 스웨터를 만지며 하시던 시아버님의 말씀을 지금도 잊지 못하고 있다. 어쩌면 아버님은 서투르지만 정성을 다한 며느리의 마음을 더 따뜻하게 여기셨을 것이리라. 나는 가끔 신혼 시절에 스웨터를 짜던 생각을 하며 서투르지만 순수했던 그때를 그리워한다.

어쩌면 세상에는 완벽한 예술품은 아예 없을지도 모른다. 겸허한 마음으로 작품을 만드는 예술가와 그 마음을 읽으며 작품을 바라보는 사람들이 합쳐서 완성도가 높은 작품을 만드는 것이 아닐까. 서투르게 그린 듯하지만 그 속에 숨어 있는 뜻을 알고 헤아리며 사람들이 좋아하는 것이 우리 집 벽에 걸린 그림이다.

그림을 그린 J화백은 경기도 어느 강가에 있는 초가집에서 혼자 지내면서 그림을 그린다고 한다. 부족함이 없는 분이 불편한 생활을 혼자 하면서 서툴러 보이는 그림을 그리는 깊은 뜻을 누가 알겠는가. 그분의 그림에서 보물 같은 여유를 찾으려 오늘도 나는 그 그림 앞에 오랫동안 서 있다.

대숲의 바람 소리

미국에 있는 친구가 잠시 귀국하였다. 친구를 위하여 무엇을 해줄까 궁리하다가 여행을 떠나기로 했다. 친구는 섬진강을 보고 싶다고 했다. 지리산으로 가자며 친구 넷이 가을 깊은 날 이른 아침에 호남선 기차를 탔다.

가을걷이가 끝난 들판은 텅 비어 있고 까치밥으로 남겨놓은 감 몇 개씩을 달고 서 있는 감나무들만 즐비하다.

구례求禮역에서 내렸다. 철도변에는 국화 향이 가득하다. 지리산 앞자락 화엄사 길목에 있는 숙소는 산을 찾아 먼 길 오는 이들에게는 더 없이 좋은 곳이었다.

이른 아침에 일어나 지리산을 올려다보니 열이레 새벽달이 떠 있다. 오랜만에 맞이하는 산속의 아침이다. 서둘러 산에 오르기로 했다. 가을인데도 지리산은 푸르다. 키가 작은 나무들

사이로 대숲이 보인다. 나무들이 키가 작은 것은 지리산 공비 토벌 당시 산을 모두 불 태워 그렇다고 하는데 사실이라면 한恨이 서린 산이다.

화엄사를 다녀 천은사의 돌층계를 오르려 하니 대나무 숲에서 바람 소리가 들린다. 잎들이 부딪치며 내는 소리가 계곡을 흐르는 물소리인 듯도 하고 파도소리인 듯도 하다. 옛날에 듣던 그리운 소리이다.

우리 집이 6·25때 피난을 간 곳은 충청도의 판교板橋라는 마을이었다. 그집은 앞에는 탱자나무 울타리가 있고 뒤에는 대나무 숲이 울창했다. 우리는 대숲이 있는 뒤쪽의 방을 쓰고 있었다.

일찍 저녁을 마친 어머니는 막내딸은 무릎에 앉히고 두 딸은 양팔로 안은 채 방 문턱에 앉아 대숲의 바람 소리를 들었다. 너희들도 저 소리가 좋으냐고 물으시면 딸들은 그렇다고 대답했다.

어느 날 동생이 아팠다. 고열로 고생하는 동생을 업고 어머니는 대숲 앞을 왔다갔다하였다. 동생을 재우려고 부르는 어머니의 슬픈 자장가 소리가 대숲의 바람 소리에 섞여 방에까지 들려왔다. 그때의 바람 소리는 우리를 슬프게 했다.

동생의 병이 낫지 않아 어머니는 산 넘어 절에 치성을 드리러 다녔다. 대나무 숲 앞 토방에 앉아 우리들 셋은 절에 가신 어머니를 기다렸다. 그때 듣던 대숲의 바람 소리는 우리를 달래주는 노래로 들렸다.

오랫동안 기억 속에 묻혀 있던 대숲의 바람 소리가 가슴속으로 불어와 나는 천은사 돌층계 위에 쌓인 낙엽 위에 주저앉아 버렸다.

지리산의 가르마 노고단을 넘어 하늘 아래 첫 동네라는 달궁 마을에도 대숲은 여전히 많다. 동네 어귀를 지키는 감나무와 함께 가을의 정서를 느끼게 하는 대숲이다.

무밭을 지나게 되었다. 미국에서 온 친구가 대절한 택시기사에게 차를 세워달라고 한다. 무서리를 하겠다고 한다. 푸른 무청에 달려 몸통의 반이 흙 위에 나와 있는 무를 본 것이다. 한걸음에 달려간 친구가 무 하나를 뽑아서 무청을 잘라버리고 냇물에 씻어 한입 베어 먹으며 뛰어 오는데 그 뒤로 보이는 대숲에는 안개비가 내리고 있었다.

우리가 피난가서 살던 그 집은 형편이 어려웠다. 아침이면 그집 사람들은 늦게 일어나고 얼굴들이 항상 붉어 있었다. 어느 날 나는 어머니께 그 이유를 물었다. 양식이 없어 양조장에 가서 술지게미를 얻어다 아침으로 먹기 때문이라고 하셨다. 가끔 어머니가 밥그릇을 그집 안방에 들여놓는 이유도 알게 되었다.

내가 학교에서 조강지처糟糠之妻라는 뜻을 배울 때, 그집 안주인을 생각했다. 술지게미를 먹은 붉은 얼굴로 비실비실 하면서도 모시길쌈을 하던 모습이며, 어느 한곳 흐트러짐 없이 예의 바르고 남편에게 공손하던 분이었기 때문이다.

그 집에는 유난히 눈이 반짝이는 막내아들이 있었다. 어느 날 그 아이가 대숲에 앉아 무엇인가를 먹고 있었다. 얼마 후에 동네 여인이 긴 장대를 들고 달려와 "우리 집 무는 네가 다 뽑아 먹는다." 하며 그 아이를 향해 소리쳤다. 험한 소리를 들으면서도 눈만 깜박거리며 여전히 무를 먹던 그 아이, 소식을 들으니 약대를 나와 약사가 되었다는데 보고 싶은 마음뿐 만날 길이 없다.

지리산의 깊은 골 하우마을에도 안개비가 내리고 있다. 강촌江村을 지나 남원南原으로 향하면서도 여전히 대숲을 지나고 대숲에 이는 바람 소리를 들었다.

서울에 돌아와서도 충청도 마을의 대숲의 바람 소리가 계속 들리는 듯하다. 곳곳에서 들리는 아름다운 소리들의 풍요 속에서도 왜 나는 그때의 그 바람소 리를 잊지 못하고 있을까.

풋감 떨어지다

새벽이 물러나면 감나무 아래로 달려간다. 어제 저녁 누가 몰래 보물이라도 감추어 놓은 듯 달려가서 주워 드는 것은 떨어진 어린 풋감이다. 밤새 분 바람에 꼭지 채 떨어져 있는 풋감을 바구니에 담으면서 혼자 좋아한다. 아파트 동마다 한 그루씩 있는 감나무를 순례하며 돌아오는 내 모습은 채마밭에서 새벽이슬 맞으며 호박 몇 개 따가지고 흐뭇해하며 싸리문 들어오는 옛 시골 여인의 마음이다.

감꽃이 피면 꽃 볼 생각은 안 하고 어서어서 꽃이 지고 감이 열리기만을 기다렸고 밤콩만 한 감이 열리고 바람이 불면 곧 풋감 떨어지겠지 생각하면서 즐거웠다. 매끄러운 감잎에 쌓여 달려 있는 작은 감을 보면 저 감이 언제 커서 땅에 떨어질까 그것만이 궁금했다.

내가 그렇게 떨어진 감에 애착을 갖는 것은 효소 만들기를 시작하고부터이다. 어느 날 맛을 본 야채효소의 기막힌 맛에 당장 그날부터 효소를 만들기 시작했다. 흔히 들에 지천으로 널려 있는 민들레와 질경이 쑥과 돌나물에 엉겅퀴 등 모든 먹을 수 있는 야채는 다 효소 재료가 된다.

산에서 나는 칡꽃이랑 아카시아 꽃잎까지 수십 가지의 채소와 꽃과 열매를 설탕에 재워 1년 이상을 항아리에 담아 놓았다가 걸러서 다시 1년에서 5년 이상을 숙성시키는 것이 '야채효소'이다. 야채 하나하나에는 저마다 사람의 몸에 좋은 특성을 가지고 있고 그것들을 모아서 설탕에 재워두고 세월을 보내면 건강에 좋은 효소로 변화하는 것이다.

과일은 먹을 수 없는 풋것으로 해야 한다. 농익은 과일은 자기 몫 다 했으니 이제 아쉬울 것 없다는 듯 스스로 포기하여 어디에 섞어 놓으면 바로 부패하기 때문이다. 풋것들은 아직도 싱싱함을 자랑하듯 설탕에 재워져 있어도 푸르고 싱그럽다. 그 싱싱함을 오랜 시간 저희늘끼리 부대키며 녹이며 효소로 숙성시키는 것이다. 그런 야채들은 숨을 쉬게 해주어야 하기에 항아리는 유약을 바르지 않은 숨 쉬는 항아리에 담고 숨구멍이 있는 한지로 덮어야 한다.

그런 것들을 얻기 위해 가끔 조금 먼 곳에 있는 산속을 헤매기도 하지만 가까운 곳에서 쉽게 얻어지는 것은 떨어진 풋감을 줍는 것이다. 감의 떫은 맛 타닌이 건강에 좋다고 하여 시작했는데 새벽에 나가보면 크지도 못한 감들이 지난밤 바람에 수두룩하게 떨어져 있기 때문이기도 하다.

바람 많은 곳에서는 감 수확이 되지 않는다고 한다. 감나무는 잎이 먼저 돋아나 잎이 다 자란 뒤에야 꽃을 피운다. 넓은 감나무 잎들은 바람을 막아주며 꽃들을 보호하고 감이 열리면 감싸주며 키운다. 그러다가 감이 너무 커져서 잎들의 보호에서 벗어나면 그때부터 하나 둘 바람이 스쳐지나만 가도 떨이져 버린다.

올해도 감나무 밑에서 떨어진 감을 많이 주웠다. 너 빨리 떨어져라, 어차피 떨어질 것인데 그냥 떨어져라. 에그, 넌 오늘도 매달려 있네, 그냥 떨어지면 좋은데 하면서 새벽마다 감나무에게 큰 소리를 치며 다녔다.

그런데 어찌하랴. 이제는 풋감이 떨어져 여기저기 뒹굴어 다녀도 주울 수가 없다. 도저히 감나무 아래를 쳐다볼 수 없는 일이 생겼기 때문이다. 어느 날 오후 동네가 어수선하여 물어보니 감나무 바로 아래로 우리 아파트에 사는 할머니가 신병을 비관하다가 떨어져 세상을 떠나셨다고 한다. 나도 늘 보면 인사를 드렸던 얌전한 할머니셨다.

그 소리를 듣는 순간 가슴이 철렁 소리를 내며 울렸다. 나 때문인 것 같았다. 매일 감나무를 바라보면서 어서 떨어져라, 어차피 떨어질 것 빨리 떨어져라 주문을 외우듯 했기 때문인 것은 아닐까. 내가 올려다보는 감나무 위 꼭대기 층 베란다에서 있는 할머니를 가끔 본 적이 있었다. 할머니는 감 떨어지기를 고개 아프게 기다리는 나를 보며 나도 어서 떨어져야지 한 것은 아니었을까.

어린 쑥이나 민들레를 캐면서도 미안해, 어린 너희들을 캐서 미안하다, 너희들도 생명인데 자라서 꽃피워야 하는데 하며 중얼거리던 나다. 그래서 산속의 야채라도 꽃이 핀 것은 절대 캐지 않는 나대로의 법을 정해 놓고 있었다. 그런 나를 아는 주위 사람들은 풋감 주우면서도 고개 숙이고 풋감의 명복을 비는 묵념을 하는 것은 아니냐는 소리도 했다. 그런 내가 어쩌다가 매일 감나무 아래에서는 어서 떨어져라 어서 떨어져라 주문을 외웠을까.

할머니의 장례를 치르고 돌아오는 흰옷 입은 가족들 얼굴에 회한이 없어 보인다. 그저 어디 즐거운 곳에 나들이 다녀오는 듯이 아이들은 서로 장난치고 그 장난에 어른들도 같이 끼어든다. 자식들의 얼굴엔 슬픈 표정이 조금도 없다. 풋감 시절을 지나 붉은 감이 되고 홍시가 되어 물렀는데도 왜 떨어지지 않고 그대로 달려 있었느냐는 것 같은 가족들의 태도에 내가 왜 이리 마음이 아플까.

오늘은 감나무들이 바람에 가지가 흔들리며 비까지 맞고 있다. 감나무 밑에는 많은 풋감들이 비바람을 견디지 못해 떨어져 있을 것이다. 그러나 나는 그 감나무 아래로 갈 수가 없다. 집에서 떨어지지 마라, 부디 바람을 이기면서 오래오래 달려 있다가 붉은 감이 되고 홍시가 되어라 기원할 뿐이다.

'풋감 떨어지다.' 올해의 내 삶의 주제는 바로 이것이 될 것 같다.

4부

곰스크로 가는 기차

얼마 전에 푸리츠 오트만이 쓴 소설 ≪곰스크로 가는 기차≫를 각색하여 만든 드라마를 본 적이 있다.

곰스크를 향해 가는 기차에는 이제 막 결혼한 두 남녀가 나란히 앉아 있었다. 달리던 기차는 어느 조용한 시골 간이역에서 멈추며 승객들에게 여기에서 두 시간을 쉬었다가 출발한다고 알려준다.

신혼부부는 손을 잡고 하얀 들꽃이 피어 있는 동산에도 올라가고 시골풍경을 둘러보며 한가롭게 노래도 부르며 여기저기 뛰어다니다가 그만 기차를 놓쳐버렸다. 기차를 놓친 그들은 한 달에 한 번만 오는 곰스크행 기차를 기다려야 했고 비싼 기차표를 다시 사기 위해 식당에서 일을 하며 돈을 벌어야 했다.

그 남자는 곰스크에 가 본 적이 없다. 어린 시절부터 그의 아버지에게서 곰스크는 모든 꿈과 희망이 이루어지는 곳이니 성년이 되면 그곳으로 꼭 떠나라는 말을 들어 왔기에 결혼을 하자 바로 아내와 함께 그곳으로 가는 기차를 탄 것이었다.

한 달 후에 오는 기차를 타고 곰스크로 떠나려는 남자와는 달리 아내는 살림도 이것저것 사들이고 들길도 산책하며 지금의 생활에 만족했다. 그 후로도 남자는 아내에게 떠나자고 하지만 아내는 이곳이 좋다며 자기는 떠나지 않겠다고 한다. 남자는 아내를 두고 떠나지 못해 그곳에서 두 아이의 아버지가 되고 마을학교의 선생님이 되었다.

남자는 학교 사택 다락방 한구석에 있는 먼지 쌓인 낡은 가죽가방에서 세상을 떠난 전임 교장선생님이 모아 놓은 곰스크로 가는 여러 장의 기차표를 발견하게 되었다. 그 선생님도 그렇게 소망하던 곰스크에 가지 못하고 세상을 떠나신 것을 안 것이다.

곰스크는 지도상에는 없는 지명이라고 한다. 오직 꿈을 이루기 위해 만들어 놓은 사람들이 소망하는 유토피아 지명이다. 오늘도 많은 사람들은 곰스크로 가기 위해 돈을 모아 기차표를 사고 그곳을 꿈꾸며 희망을 가지고 살아가고 있다는 독일의 전설을 풀어 쓴 소설이 ≪곰스크로 가는 기차≫이다.

나도 세상을 살면서 너무 힘이 들 때는 어디론가 훌쩍 떠나면 편안해질까? 하는 생각을 하며 살아왔다. 그러고 보니 그것이 바로 곰스크행이었구나 하는 생각이 든다. 소설 속에서는 남편이 그곳으로 떠나려 하지만 우리 집은 아내인 내가 떠나고 싶은 곳이다.

사랑하는 사람들이 옹기종기 모여 정 나누며 살아간다 해도, 봄이 되면 꽃이 산하에 지천으로 피어난다 해도 산사에 찾아가 애절한 깊은 기도를 해야 하는 안타까움이 없다 해도 세상을 향해서 원망하며 절망하지 않아도 가끔은 왜 아니 현실을 떠나고 싶지 않겠는가.

형편이 어려워 단칸방에서 겨울에는 언 손 호호 불며 지내도 하늘이 푸르러서 바람이 살랑대서 행복한 사람인 나의 동반자는, 내가 곰스크로 떠나겠다고 하면 어디 한 번 다녀오라고 손 흔들며 보낼 사람이다. 가끔은 귀에 들리는 기적소리에 설레고 기차역 나무 의자에 앉아 두려움과 기대감으로 기차를 기다리는 상상도 해 보며, 언제라도 찾아갈 수 있는 곳을 지도로 그려 놓고 마음으로 기차표를 사서 일기장 갈피에 꽂아 놓기도 했다.

내가 살아온 과정을 되돌리고 싶을 때, 생각하며 계획한 일들이 마음대로 안 될 때, 내 삶이 왜 이렇게 복잡하고 힘들까 생각될 때, 내가 지니고 살아가는 본유관념에 진력이 날 때, 지금까지의 가진 것들을 다 놓고 어디론가 떠나서 새롭게 시작하고 싶었을 때에는 늘 그리했다.

세상살이에서는 농사꾼은 새벽에 일어나 어김없이 밭으로 나가고 어부는 고기를 잡으러 바람 찬 바다로 나간다. 목수는 망치 소리 높게 집을 짓고 숯쟁이는 깊은 산속 불가마에서 여전히 숯을 굽지 않던가. 아무 말 없이 충실하게 살아가는 그들이라고 마음속에 가고 싶은 곰스크가 없을까? 그들에게도 다락방 마음 한구석 낡은 가방에 숨겨 놓은 곰스크행 기차표가 몇 장이 될지는 아무도 모르는 일이다.

그렇게 떠나려다가 주저앉고 다시 떠나려다가 모든 것 놓고 갈 수 없어 주저앉아 그대로 살아가는 것이 우리들의 인생이다. 누구라도 살다가 삶에 질력이 나면 현실을 떠나고 싶어하는 것은 당연한 이치가 아니던가.

늘 역에서 서성이는 마음으로 기차표도 일기장 속에 모으며 세월이 흘러갔다. 그러나 나이 든 요즈음은 세상살이에서 포기하는 것을 제일 많이 배우게 된다. 이제 곰스크는 나에게는 이미 갈 수 없는 너무 먼 곳이 되어버린 듯하다. 다른 꿈을 찾아서 기차를 타고 싶었던 시절은 이미 가버린 것이다. 기차표를 몰래 사 모으고 짐을 꾸리며 기차를 기다리는 일도 젊었을 때에 할 일이었나 보다. 이제 내 젊은 날의 꿈을 찾아가는 기차표가 들어 있는 일기장도 가방에 넣어 다락방에 꼭꼭 숨겨 놓아야 할 때가 아닌가 싶다.

세월이 흐른 어느 날, 백발이 성성한 아들이 다락방에 올라가 내 낡은 가방에서 일기장을 뒤적이다 곰스크행 마음의 기차표를 발견하고는 이렇게 말할 것 같다.

"우리 어머니도 나처럼 곰스크로 가는 기차를 타려고 하셨구나!"

흰 목련처럼

— 조선시대 마지막 황태자비인 영친왕 이은垠공의 왕비 이방자李方子 여사가 창덕궁에 있는 낙선재樂善齋에서 4월 30일 88세를 일기로 별세했다.—

오늘 책상을 정리하다가 발견한 신문기사 내용이다. 내가 평소에 존경하던 분이라 오려서 책 속에 넣어두었던 것을 몇 달이 지난 후 찾아서 다시 읽어 본다. 그분은 올봄 목련이 필 때 이승을 떠나셨다. 이제는 뜰 앞에 서 있는 잎만 무성한 목련나무를 보면서 그분을 생각한다.

내가 그분을 처음 본 것은 몇 년 전 낙선재에서였다. 낙선재에 있는 '칠보 연구소'에 다니면서 일주일에 한두 번 그분을 가까이 대할 수 있었다. 당신이 세우신 칠보연구소 한구석에 낡은 책상을 마련하고 늘 그곳에서 칠보작품에 그림을 그렸다.

칠보七寶는 철로 된 판에 그림을 그려 넣고 물감을 칠한 후에 몇천 도가 넘는 전기화로에서 구워내는 것이다. 접시, 벽걸이, 반지 귀걸이 등 다양한 물건을 만드는 것인데 일곱 가지 빛깔이 나는 보석처럼 아름다운 공예품이다.

이방자 여사는 늘 접시에 꽃 그림을 그리셨다. 동그란 철판 접시에 난을 치고 장미꽃을 그리며 몇 송이 흰 목련도 자주 그렸다. 밑그림도 그리지 않고 직접 물감으로 칠하는 솜씨는 누구도 따라갈 수 없이 훌륭하였다. 한 작품을 그리기 위하여 오랜 시간 자세를 흩트리지 않고 붓만 움직이며 앉아 있는 모습을 곁에서 보면 누구도 존경하지 않을 수가 없었을 것이다.

그림이 끝나면 낙선재의 정원을 거닐기도 하고 외국손님을 맞이하기도 했다. 그럴 때마다 나는 그분의 책상으로 가서 그림을 감상했다. 접시 위에 몇 송이 꽃으로 피어난 그림들은 아름답고 소중한 보석처럼 빛나고 있었다. 고통과 인내로 평생을 살아야 했던 불운한 여인이 피워내는 한恨의 꽃들이었다.

그분은 일본의 황족으로 태어나서 일본제국주의의 희생양으로 조선의 마지막 황태자비가 되어야 했던 비운의 여인이었다. 그러나 그 비운을 인내와 의지로서 극복해낸 여인이기도 하다. "일본이 육체를 주었다면 한국은 영혼을 주었노라."고 늘 말해 온 여사이다.

그러나 나는 그분을 만나기 전에는 일본인이라는 것 때문에 그분을 좋아하지 않았었다. 자기는 불행한 결혼을 했더라도 조선 왕족의 긍지를 위해 외아들 구玖만은 한국여인과 결혼시키지 않은 것도 좋아하지 않은 또 하나의 이유였다. 그러나 어쩔 수 없는 정략결혼을 한 불행한 여인이고 또 나이가 들면서 자식도 내 마음대로 할 수 없다는 것을 알게 되면서 그분을 이해하게 되었고 가까이에서 접해 보고는 좋아하게 된 것이다.

이방자 여사는 체구가 작았다. 흰 목련처럼 얼굴은 희고 고왔으며 짧은 머리는 늘 단정하고 옷은 검소한 차림이었다. 짧은 치마의 한복을 입고 있었고 어쩌다 입은 양장은 빛이 바랜 낡은 것들이었다. 일본에서는 돈이 없어 자기 집 커튼을 뜯어 옷을 손수 지어 입었다고 들었다.

그분은 항상 웃고 있었다. 사람들의 인사에도 웃음으로 답하고 연구생들이 떠들어도 웃으며 바라본다. 그 웃음은 우리나라 말을 잘하지 못하는 것을 대신하기도 하지만 온화한 성품이 웃음으로 표현되는 것 같았다. 그러나 가끔 창덕궁의 나무들을 바라볼 때의 눈에는 우수가 가득해 보였다.

마지막 황태자비는 영친왕을 지극히 사랑했다고 한다. 억지로 한 결혼이었지만 황태자의 인품을 사랑하고 황태자의 조국을 사랑한 것이다. 고국에 돌아가면 불쌍하고 어려운 백성들을 돕겠다던 영친왕의 뜻을 따라 '명휘원'을 세우고 신체장애자들을 모아 기술을 가르치고 돕고 있었다. 손수 그린 그림들이 칠보로 만들어져 판매되면 모두 명휘원 기금이 된다. 편히 쉬어야 할 노후에 책상에 앉아 남을 위해서 일하면서도 늘 웃음을 잃지 않던 분인 것이다.

낙선재는 창덕궁의 뒤뜰에 있다. 창덕궁을 찾는 이들도 낙선재는 모를 만큼 조용한 곳이다. 나무도 많은 숲 속에 새소리도 들리는 날에 칠보를 배우러 가면 고개를 숙이고 뒷짐을 진채 산보를 하는 여사를 만날 때가 있다. 그럴 때마다 다가가 묻고 싶은 것이 많았다. 그러나 뒷모습만 바라보다가 돌아서고는 했다. 비운의 생이지만 최선을 다하여 사는 분께 무슨 질문을 하며 무슨 대답을 들을 수 있겠는가 하여서였다.

88세에 세상을 떠나면서 오십이 넘은 아들이 걱정이 되어 "내 아들 구ㅊ를 부탁하며" 라는 유서를 남긴 분이다. 자신의 생에는 강인했던 분이지만 자식에게는 어쩔 수 없이 약한 어머니였기 때문이다.

이제는 역사의 뒤안길로 사라진 비운의 이방자 여사, 흰 목련처럼 아름답고 고귀했던 분이다. 향기는 안으로 감추고 자비심으로 남을 위해 살던 노후에 그분을 뵙고 배우게 된 것을 기쁘게 생각하고 있다.

며칠 후 시간이 나는 대로 낙선재를 찾아가려고 한다. 아직도 희정당에 분향소가 있다면 참례도 하고 그분이 거닐던 뜰도 걸어보고 싶다. 칠보연구소가 그대로 있다면 그분이 그린 목련이 그려져 있는 접시 하나 사들고 오련다. 목련처럼 환하던 이방자 여사의 웃음은 아마 오래도록 잊지 못할 것이다. 세월은 가도 봄이면 목련은 피고 지고 나는 그때마다 그분을 생각하며 오래전 낙선재에서 있었던 일들을 기억하며 추억하리라.

한 평의 땅에서

저녁나절 걷는 운동으로 동네 한 바퀴를 돌고 있다. 감나무와 모과나무가 있는 동네를 돌고 나면 언덕을 올라 다른 동네로 가는 얕은 산등성이를 걷는다. 그 작은 산이 머지않아 공원으로 조성된다고 하여 동네 사람들이 산 귀퉁이에 밭고랑을 만들어 고추에 콩에 호박을 심던 곳들이 이제는 풀만 무성하게 자라고 있다.

요즈음 그 무성한 풀숲 속에서 한 평이 될까 말까 한 배추밭을 보게 되었다. 배추가 어릴 때에는 무심히 지나던 곳이었는데 배추가 자라니 풀 속에서 풀과는 다른 것이 보이기 시작한 것이다. 배추들은 풀이야 자라든 말든 공원이야 생기든 말든 고랑에 줄지어 무럭무럭 날마다 쑥쑥 자라고 있었다. 솎아주고 키우면 열서너 포기가 될 것 같다.

산 위에는 이미 공사가 시작되어 굴착기와 흙을 실어 나르는 트럭이 오가는데 그래도 나는 배추를 심으리라 마음먹고 밭고랑을 일구고 씨앗을 땅속에 심은 사람이 누구일까 궁금하다. 내일 지구가 멸망한다 해도 나는 오늘 사과나무를 심으리라 했던 사람과 같은 마음이었을까? 매일 그곳을 지나도 밭주인은 볼 수가 없다.

배추밭 주인은 아마 이렇게 생각했을 것이다. 저 굴착기가 배추가 다 크지 못한 채 밭까지 밀고 내려오면 모두 뽑아다 된장국을 끓여먹고, 조금 더 커서 내려오면 얼갈이배추 겉절이를 해먹고, 다행스럽게도 배추가 다 크고 나서 내려오면 김장을 하리라. 큰 보자기만 한 배추밭에 서서 이런저런 생각을 하고 있는 나를 보게 되었다. 배추 씨앗을 뿌린 어느 누군가의 뜻이 갸륵해서이다.

도전하고 달려가라! 내가 내 아이들에게 항상 들려주는 말이다. 자신이 없다고, 할 수 없다고, 힘이 든다고, 주저하며 가만히 있으면 아무것도 이룰 수 없기 때문이다. 머리에서는 늘 새로운 생각에 도전하고 몸으로는 절대 쉬지 않으며 부지런함에 능숙해지라고도 이른다. 환경 탓에, 나이 탓에, 타박만 하면 세월은 비켜 가버리고 세상만 원망하게 되기 때문이다. 어디에서 무슨 일이 일어나도 나는 내 자신을 지키며 일에 정진한다면 뜻은 이루어지지 않던가.

단풍이 물들기 시작하니 배추가 점점 더 커지고 있다. 묶어

주지 않았는데도 차곡차곡 배추 스스로 알아서 배춧잎을 포개며 둥그렇게 모양을 다듬어 가고 있다. 겉대 잎은 넓게 펼치고 자리잡으며 배추를 보호하는 듯하다. 그 옆에 심어진 무 몇 개는 이미 무통이 밖으로 몸을 내밀고 큰다.

그런데 오늘은 그 밭의 주인을 만나게 되었다. 늘 상상하던 노인도 할머니도 아닌 젊은 여인이었다. 앞치마를 두르고 물을 들고 와서 가물어 갈라진 배추밭에 주고 있었다. 물을 주다가 산을 바라보며 서 있기도 하고 베어져 누워 있는 나무들을 쳐다보기도 한다.

그런데 자그마한 그 여인의 뒷모습이 꼭 〈바람과 함께 사라지다〉의 스칼렛 같다. "내일은 또 내일의 태양이 떠오른다."며 불타버린 고향동산에 서서 소리치던 영화의 마지막 장면이 생각났다.

"안녕하세요? 배추가 잘 자라네요" 내가 인사하니 그녀가 대답한다.

"배추가 잘 컸지요? 배추 게임에서 제가 이겨서 너무 좋습니다."

"예?"

"공사 때문에 남편이 말리는 배추를 이곳에 심으면서 이 배추가 커서 김장을 할 수 있을까? 없을까? 내기를 했거든요".

"상품이 무엇이지요?"

"남편이 시골에 조그만 텃밭을 하나 마련해 준다고 합니다."

“축하합니다!”

산길을 내려오는데 한 평의 땅에서 얻은 그녀의 선물에 내가 왜 그리 신이 나는지 발걸음이 빠르고 경쾌해진다.

애완견 유치원

어느 동네 입구에서 노란색 버스를 보았다. 유치원 셔틀버스라고 생각하며 지나치는데 운전석에 웬 강아지 한 마리가 버티고 앉아 있다. 강아지도 운전을 하나?

그런데 버스에 적힌 글씨가 "애완견 유치원"이다. 강아지 유치원 버스란 말인가? 그럼 강아지도 유치원에 버스를 타고 다니는가 보다.

버스에는 유치원과 같이 운영하는 애완견 호텔, 애완견 미용실, 애완견 카페, 애완견 사진관 등등 열 개가 넘는 안내문이 줄줄이 써 있다. 강아지가 호텔에 묵고 전용 미용실에서 머리를 만지고 카페에서는 무엇을 마실까. 유치원에 가서는 무엇을 하며 지내다 오는 것일까? 개가 돌아오는 시간이면 아이들 맞이하듯 주인들이 나와서 안고 들어가는가?

요즈음은 애완견 사업들이 호황이라고 한다. 그 중에는 애완견 병원은 물론 장례식장 납골당 등도 있는데 모든 비용을 사람과 같은 액수를 받고 있다고 했다. 사회의 도시화와 디지털문화의 확산으로 소외감과 외로움을 느끼는 사람들이 애완견을 가족으로 생각하기 때문이라고 한다.

어쩌면 그것도 서양문화의 영향을 받았기 때문일 것이다. 오래전에 어떤 사람이 미국으로 공부하러 갔는데 영어도 서툴고 고기 사는 곳도 몰라 간편하게 캔으로 된 고기를 사 먹으려고 슈퍼마켓을 찾았다. 진열대엔 캔으로 된 고기음식이 다양하여 몇 개를 사들고 와서 맛있게 먹었다고 한다. 얼마 후, 영어가 익숙해져서 다시 그곳 마켓으로 가서 캔을 찾아보니 그 진열대는 '애완견 코너' 라는 것을 알았다. 그러니 개가 먹는 캔을 뜯어서 맛있게 먹은 것이다.

어느 소설에서는 할머니께 동경대학 수의과를 다니는 조카가 방학이 되어 사각모를 쓰고 인사를 왔다. 할머니는 "세상에 백정 노릇 하기 위해 사각모를 쓴다는 소리는 처음 들었다."며 탄식하는 내용이 있다. 옛날에는 동물 다루는 일이 의술이라 해도 그렇게 마땅치 않게 생각한 것이다. 지금은 애완견을 다루는 동물병원이 성업 중이라 수의사를 부러워하는 의사들도 있다고 들었다

어느 날 애완견유치원 버스가 다니는 그 동네 미장원에서 파마를 하게 되었다. 입구에서부터 강아지들이 떼를 지어 놀

고 있다. 나는 강아지 미용실에 잘못 들어온 줄 알았는데 그게 아니었다. 미장원 주인의 강아지도 의자에 앉아 졸고 있고 파마하는 여자들이 모두 강아지를 데리고 미용실에 온 것이다. 각각 주인들은 자기 강아지에게 시간 맞춰서 먹이 주고 물주며 껴안고 앉아 머리를 만진다. 집에 혼자 두고 오면 정서적으로 불안해하기 때문에 데리고 다닌다고 한다. 사람이 다니는 미용실이 아니라 강아지가 다니는 애완견 미용실 같았다.

어느 유치원에서는 어린이들에게 제일 좋아하는 사람들을 조사했다. 첫 번째가 엄마, 두 번째가 이모 세 번째가 강아지였다. 아빠는 파출부 다음이었다고 한다. 할아버지 할머니는 아예 손을 드는 아이가 없었다고 하던가.

어느 방송극에서는 시어머니가 집을 나갔을 때는 며칠이고 찾지 않더니 강아지가 없어지니 경찰에 신고하고 벽보를 붙이고 법석을 떠는 방송극을 보여 주었다. 요즈음 사람들은 당연하게 그 드라마를 보며 탄식하지도 않는다.

개가 사람보다 우대받는 세상이 되어 있다. 어떻게 보면 사람들은 배신하지 않고 부정하지 않으며 빼앗지 않고 주인에게 충성하는 강아지가 사람보다 더 낫다고 생각하기 때문이리라.

또한 아이들을 다 키워 떠나보낸 외로운 노인들에게는 강아지가 사랑을 줄 수 있는 유일한 상대일 수도 있다. 아이를 하나만 둔 가정에서는 아이가 귀여워할 수 있는 상대로 강아지를 키운다고도 했다. 사랑을 받기만 하면 사랑하는 법을 모른다고 해서이다.

이래저래 강아지가 사람보다 더 대접받는 세상, 이런 세상을 누가 무어라 탓할 것인가.

봄비 오는 날

비가 내리고 있다. 연봉매듭 같은 라일락 봉오리에 떨어지는 빗방울을 바라보다가 나는 우비를 입고 우산을 찾는다. 갑자기 고궁에 가고 싶었기 때문이다. 지금도 고궁 숲 속에는 새들이 울고 있을까.

옛날에 이루어질 수 없는 사랑을 하던 친구는 일요일만 되면 나를 불러 고궁으로 갔다. 자기는 슬퍼서 울고 나더러는 새소리를 듣고 있으라고 했다. 새소리를 듣다가 친구를 달래서 고궁을 나설 때면 오히려 내가 울고 싶을 때도 있었다.

비를 흠뻑 맞으며 고궁 뜰을 한 바퀴 돌아도 옛날에 듣던 그 새소리는 들리지 않는다. 그래도 마음만은 카라얀이 지휘하는 오케스트라의 음악회라도 온 듯 설렌다. 어디에서 〈봄의 소리 왈츠〉라도 들려올 것 같고 빗소리는 합창곡처럼 경쾌하다.

어느 궁녀의 방이었을까. 퇴색된 궁궐의 툇마루에 앉아 잠시 쉬며 이곳저곳을 기웃거린다. 낡은 목조건물의 문틀은 휘어져 있고 인적이 없는 방 안은 캄캄하다. 앞가르마 반듯하고 옷고름 하나 삐뚤지 않던 궁녀들은 밤이면 저 안에서 무엇을 하며 지냈을까. 글을 읽고 법도를 배우고 수를 놓으며 매듭을 엮었으리라.

나는 전통매듭을 배운 적이 있다. 생사로 꼰 끈목을 송곳 하나로 씨 날줄로 엮어 만드는 소품을 매듭이라고 한다. 매듭의 종류에는 기본이 되는 연봉, 도래, 생쪽, 국화와 매화, 나비와 매미 등 실생활에서 보이는 것은 모두 똑같은 모양으로 만들 수가 있다. 그러한 매듭들을 실을 꼬아 만든 봉술과 함께 맺어서 노리개나 향낭이 되어 몸에 지니고 다니는 것이다.

매듭을 배우려면 오랜 시간이 걸린다. 나는 밤잠을 설치면서 배웠다. 한 번 잘못 엮으면 다시 풀고 처음부터 다시 시작해야 한다. 인생살이와 같은 것이라고 생각하며 배웠나. 아무리 좋은 끈목으로 시작해도 잘못 엮어서 풀고 또 풀고 하면 끈목이 후줄근하여 쓸모없는 끈목이 되어 버려야 한다. 어느 때는 하나의 작품을 완성하고 나면 창밖이 환하게 밝아 올 때도 있었다.

남이 연구해 놓은 것을 보고 엮기도 이리 힘이 드는데 이 매듭을 누가 처음 시작했을까 알아보았다. 매듭은 궁중에서 생활하던 상궁과 궁녀들이 만들었다고 한다. 그래서 사람들은 매듭을 한恨의 예술이라고도 한다.

"달하 노피곰 도다샤 어긔야 머리곰 비취오시라." 이렇게 정읍사라도 부를 수 있는 여인들에게는 기다리는 임이라도 있었지만 기다리는 임도 없는 궁녀들은 끈목을 엮으며 선禪을 하듯 밤을 지새우지 않았을까.

재미있는 것은 매듭의 모양새이다. 생 쪽 매듭은 꼭 생 쪽 같고 석쇠매듭은 생선 굽는 석쇠와 모양이 같다. 매화매듭은 이른 봄 꽃망울을 터트린 매화를 보는 듯하고 국화매듭은 늦가을에 핀 국화꽃을 보는 듯하다. 나비나 매미 잠자리매듭을 엮어 놓으면 계절의 정취가 묻어 있는 듯하여 신기하기도 하다. 일찍 부모를 떠나 궁녀가 되어야 했던 그들이 외로움을 달래려고 맺던 매듭이 지금은 전통예술이 되어 전해지고 있다.

비 내리는 고궁 뜰에서 맺고 푸는 실의 매듭을 생각하다 우리네 삶에서 맺기도 하고 풀기도 해야 하는 인생살이의 매듭을 생각해 본다. 이곳으로 와서 울던 그 친구는 서로 맺을 수 없는 끈목이었기에 슬퍼했다. 서로 맺고 사는 이웃과 친척 그리고 엮어져서 풀 수도 없는 가족들은 인생의 매듭인 것이다.

요즈음은 매듭을 엮지 않고 지낸다. 오래 안 하다 보니 어려운 것은 맺는 법을 잊기도 했다. 그러나 언젠가는 꼭 엮고 싶은 매듭이 있다. 묵주매듭이다. 묵주매듭 하나하나에 내 생의 기억들을 담고 묵주 단 한 단 한 단에는 참회를 담아 5단의 묵주를 엮고 싶다. 묵주알 하나하나에는 어머니와 아이들과 가족과 이웃들의 평안을 담아서 그것을 손에 쥐고 기도하고 싶다. 다시는 풀 수 없는 묵주를 만지며 다시는 돌아갈 수 없는 지난날을 생각하며 고해성사를 보듯 누구에게 용서를 빌고 싶다.

고궁에는 아직도 봄비가 내린다. 젊은 남녀 한 쌍이 내 앞을 지나간다. 저들도 인연을 맺으려는 사람들인가. 서로 맺고 엮는 매듭의 끈목을 떠올리며 그들을 따라 봄비 속을 걷는다.

가족

늦은 밤, 외출에서 돌아오면서 아파트 꼭대기 우리 집을 올려다 본다. 언제나 그랬듯이 불이 꺼져 있다. 빈집에 들어서면 먼저 사람의 온기를 넣으려고 방마다 문을 열어 놓고, 큰 소리로 집 안을 채우고 싶어 아들이 돌아오면 줄 과일 주스를 믹서에 미리 만들기도 한다.

요즈음 나는 늘 혼자이다. 남편은 회사가 있는 안성에 내려가 있고 주말에만 집에 온다. 대학에 다니는 아들은 새벽 5시가 조금 넘으면 무거운 책가방을 등에 메고 학교로 가서 자정이 넘어서야 돌아온다. 새벽 식사 때에 잠깐 얼굴 보고 밤에는 피곤해 하니 말 몇 마디 주고받을 수밖에 없다. 하루에 십 분 정도의 만남을 갖는다.

오히려 내가 하루 중 가장 얼굴을 많이 보는 사람은 9시 뉴

스의 앵커이다. 그는 언제나 그 시간이 되면 나타나 내 얼굴을 보며 세상 돌아가는 이야기를 들려준다. 가족보다도 더 많은 시간을 상면하고 있는 것이다.

전에 살던 집에서는 내 방을 갖기를 원했었다. 이곳으로 이사와서 책상도 놓은 방을 갖게 되었다. 그러나 지금은 내 방에는 들어가지도 않는다. 좁은 집에서 가족들이 시끌벅적할 때에 필요한 것이 나만의 공간이다. 아무도 없는 적막공산 같은 이 집의 방이 모두 내 방인데 나만의 방이 무슨 소용이랴. 그래서 요즈음은 가족과 헤어져 살면서 가족만을 그리워하고 가족만을 그리다가 세상을 떠난 화가 이중섭李仲燮을 생각할 때가 많다

"삶은 외롭고 서글프고 괴로운 것.-" 이 글은 춥고 배고픔 때문에 가족을 일본으로 보내고 한 평짜리 자기 방 벽에 붙여놓고 보았다는 이중섭이 쓴 시의 한 부분이다. 그는 개성적이고 독창적인 화법으로 천재화가로 불리면서도 생계를 꾸릴 수 없어 아내와 아이들을 처가로 보내놓고 술과 담배로 하루하루를 살아야 했다. 친구에게 담배 한 갑 얻어 양식으로 피우고 속껍질 은박지에는 아내와 아이들을 그렸다. 아무도 사주지 않는 은박지 그림을 그려서 친구에게 주고 또 한 갑의 담배나 술을 얻었다.

그의 그림에는 가족을 그린 것이 많다. 아내와 아이들이 함께 끈을 잡고 모여 있는 그림은 가족과 함께 지내고 싶은 것을

표현한 것 같다. 아이들에게 탐스런 복숭아를 들려준 그림은 아이가 아프다는 소식이 왔을 때 사주고 싶은 복숭아를 그림으로 그려서 보내준 것이라고 한다. 아이들과 놀러 가고 싶으면 사슴 등에 탄 아이들을 그렸다. 자신을 가족과 함께 그린 그림에는 목이 항상 삐뚤게 그려져 있다. 일본에 가 있는 가족이 보고 싶은 마음을 그렇게 고개를 돌린 모습으로 표현한 것이다.

가족들을 그림으로 그리며 함께 살 날을 기다리던 화가. 그러나 그가 병에 걸려 아파서 누워 있을 때에는 가족에게 그 소식을 전혀 알리지 않고 지냈다. 자기의 아픈 소식이 가족들에게는 슬픔이 될 것을 알기에 외롭게 아프다가 아무도 없는 어느 병원 누추한 병실에서 홀로 눈을 감았다. 그렇게 살다가 떠난 그의 깊은 뜻을 어느 누가 알 것인가.

나는 가끔 아들이 새벽 안개를 가르며 걸어가는 것을 창가에 서서 바라볼 때가 있다. 무거운 가방 때문에 아들의 걸음은 느리다. 어느 때는 큰길에 닿자 바로 버스를 탈 때도 있고 오랫동안 버스를 가다릴 때도 있다. 버스를 바로 타는 날은 횡재라도 한 듯 기쁘고 새벽길에 오래 서 있는 모습을 보면 내내 안쓰럽다. 버스를 일찍 타고 늦게 타는 것까지도 마음 아파하는 것은 가족이기 때문이다. 그러나 내가 지하철이나 버스를 한 시간 넘게 타고 지친 몸으로 집으로 돌아와도 가족들에게 힘들었던 이야기는 하지 않는다.

남편이나 결혼해서 사는 딸의 전화 목소리만 듣고도 의사가 환자의 아픈 곳을 찾아내듯이 건강의 이상이나 기분을 정확히 헤아린다. 약국이나 병원에 가기를 재촉할 때도 있고 위로를 할 때도 있다. 밤이면 그들의 아픔이 걱정이 되어 잠을 이루지 못한다. 그러나 나는 가족들을 속이려 한다. 안 좋은 일이 있는 날은 더 밝은 목소리로 대화하고 건강의 이상을 눈치챈 듯하면 어제는 아팠는데 오늘은 다 나았다고 대답한다. 내 아픔은 나 혼자 견디며 살고 싶은 것이다.

이 시간도 안성에서 감기로 고생하는 남편이 궁금하고 신촌에서 지친 모습으로 버스 오기를 기다리고 서 있는 아들을 생각하느라 내 마음은 안성과 신촌을 왔다갔다하고 있다. 이 마음을 그림으로 표현하면 내 고개도 이쪽 저쪽으로 삐뚤게 그려질 것이 분명하다.

오늘밤은 가족을 그리워하면서 빈곤과 고독 속에서도 아름답고 인간적인 그림을 그렸다는 화가 이중섭의 이야기를 다시 읽으려고 한다. 그리하여 그릴 수 없는 그리움과 사랑의 빛깔까지도 그림 속에 표현하려 했다는 그의 깊은 가족 사랑을 헤아려 보고 싶다.

플레어스커트

은행잎 지는 늦은 가을에 플레어스커트를 입고 덕수궁을 자주 찾아가던 시절이 있었다. 덕수궁 분수대 앞 은행나무 아래에서 플레어스커트를 둥그렇게 하고 앉아 있으면 스커트 위로 노란 은행잎이 떨어진다.

내가 플레어스커트를 즐겨 입게 된 것은 영화 〈푸른 화원〉을 보고 나서이다. 네 자매가 주인공으로 나오는 가족영화였다. 그 영화 마지막에는 소설가가 된 둘째 딸이 책을 출간하여 세상을 떠난 막냇동생에게 알리는 장면이 있다. 그녀는 뒷동산에 쌓여 있는 낙엽 위에 플레어스커트를 둥그렇게 원 모양으로 펴놓고 앉아서 '사랑하는 나의 동생에게 이 책을 바친다.'라는 글을 책에 적고 있었다. 펼쳐진 플레어스커트 위로는 낙엽이 하나 둘 떨어지고 있었다.

영화를 본 다음날, 명동에서 그녀가 입은 것과 비슷한 색의 체크무늬의 플레어스커트를 샀다. 비싼 가격이었지만 무리를 해서라도 입고 싶었다. 그리고는 덕수궁으로 가을 나들이를 다녔다. 야외 음악회가 덕수궁에서 열리는 밤에는 나도 플레어스커트를 둥그렇게 펴놓고 앉아서 음악을 들었다.

어느 토요일 오후, 그날도 친구들과 덕수궁 은행나무 밑에 앉아 있었다. 갑자기 내 뒤에서 "이리 오너라." 하는 소리가 들려왔다. 놀라서 돌아보니 외할아버지의 친구가 나를 부르고 계셨다.

그분은 늘 두루마기에 중절모를 쓰시고 다니시며 다른 집을 방문하실 때는 대문 앞에서 "이리 오너라." 하시며 부르는 분이었다. 여학교 다닐 때 외가댁에서 가끔 뵈었던 분인데 몇 년이 지났어도 알아보시고 부르신 것이다. 친구의 '붓글씨 전시회'가 미술관에서 열리고 있어 들렀다 가는 길이라고 하신다. 벤치에 잠시 앉아서 "단풍에 서리 드니 나무마다 가을이라." 잎 지는 은행나무를 바라보시며 작은 소리로 탄식하신다.

그 후로 할아버지께서는 자주 우리 집에 들르셨다. 오실 때마다 색색의 편지지와 봉투를 사 가지고 오셔서 육군 사관학교에 다니는 손자에게 편지를 보내 달라고 부탁을 하시는 것이다. 보지 않고도 알 수 있을 만큼 손자의 성격과 모습을 알려주면서 어떻게 편지를 써야 손자가 좋아한다고도 일러주셨다.

색색의 편지지와 봉투가 쌓여갔다. 그래도 또 사오시면 정중히 받아 두었다. 건강도 좋지 않으신 분이 지팡이를 짚고 어디에서 그렇게 예쁜 종이를 사 가지고 오시는지 궁금했다. 그러나 육군 사관생도에게 편지는 쓰지 않았다.

다시 한 해가 지나고 가을이 왔다. 이번에는 손자와의 약속 날짜를 잡아서 오셨다. 당신이 아무래도 곧 떠날 것 같으니 둘이 만나는 것이라도 보고 떠나고 싶다고 하신다. 내 나이 갓 스물이고 손지는 이제 겨우 사관학교 2학년이었다. 그러나 차마 그분의 말씀을 어길 수가 없었다. 그런데 부탁을 하나 하겠다며 작년 가을에 입었던 그 플레어스커트를 입고 나왔으면 좋겠다고 말씀하신다.

낙엽색과 비슷한 플레어스커트를 입고 은행나무 아래 몇 번째 벤치에서 기다린다는 육군 사관학교 생도를 만나러 덕수궁으로 갔다. 설레는 마음도 두근거리는 마음도 아니었다. 은행잎은 여전히 내 넓은 플레어스커트 위로 떨어지고 있었다.

두 시간이 지나도 육사 생도는 나오지 않는다. 이제는 돌아가야 할 시간이다 생각하며 자리에서 일어서는데 두루마기에 지팡이를 든 할아버지가 이쪽으로 오고 계셨다.

손자가 비상 대기 중이라 나올 수가 없어 대신 나오셨다고 한다. 어쩌면 사관생도는 나오기가 싫어 핑계를 대고 그렇게 말씀드렸으리라. 나는 손자 대신 할아버지를 모시고 가을의 짧은 해가 기울어 가고 있는 고궁의 뜰을 천천히 걸었다.

그 후에도 분홍 파랑 노란색의 편지지는 쌓여만 갔다. 그분은 손자와 내가 서로 편지 왕래를 하고 있는 것으로 알고 계셨고, 나는 그렇다고 대답을 했기 때문이다.

그리고 얼마가 지난 후에 할아버지는 세상을 떠나셨다. 손자는 할아버지가 남기고 가신 뜻을 들어드리고 싶다고 했다. 우리는 처음 만나기로 했던 덕수궁 분수 앞 은행나무 아래 벤치에서 만나기로 했다. 나는 할아버지의 뜻을 따라 플레어스커트를 입고 나갔다. 그는 내 플레어스커트의 색깔까지도 이미 알고 있었다. 그는 육군 사관생도 복장을 하고 나왔는데 그것도 할아버지의 뜻이라고 한다. 손자도 할아버지가 사 주신 색색의 편지지를 나만큼 가지고 있다고 했다.

그는 헤어지면서 그 편지지로 서로 편지를 하면 좋겠다고 했다. 그러나 나는 그에게 편지를 하지 않았고 그도 나에게 편지를 보내지 않았다.

가끔 늦은 가을이 오면 아직도 농 속에 그대로 있는 플레어스커트를 꺼내 입고 덕수궁에 가고 싶을 때가 있다. 옛날처럼 은행나무 아래에 앉아 있으면 은행잎 지는 가을이 그 시절처럼 화려하고 찬란할까?

어느 날의 오후처럼

1. 어린 날의 뜰

내가 초등학교 4학년이던 그해 6·25가 일어나고, 우리 가족은 탱자나무 울타리가 많은 충청도의 어느 작은 마을로 피난을 갔다. 집 뒤에는 대숲이 있고 바람이 불면 솨~ 하며 댓잎 부딪치는 소리가 들렸다. 그곳에서 나는 초등학교에 편입해서 다니게 되었다.

그때 학교에서 일주일에 한 번 국군 장병들에게 위문편지 쓰는 시간이 돌아오면 선생님은 언제나 칠판 앞으로 나를 불렀다.

"여기에 네 위문편지를 써라."

그리고 반 아이들에게는 칠판에 쓰여 있는 내 편지를 그대로 옮겨 쓰라고 하였다.

나는 까치발을 하고 국군 장병 아저씨께 열심히 편지를 썼고 아이들은 내가 쓴 편지를 옮겨 쓰느라 조용했다. 아마 그것이 내가 글을 쓰게 된 최초의 동기가 아니었을까 싶다.

중학생이던 어느 날 대학생 손님이 우리 집에 가방을 놓고 외출을 했다. 그가 두고 간 가방 위에는 괴테의 ≪젊은 베르테르의 슬픔≫이 놓여 있었다. 나는 그 책을 손에 들고 읽기 시작했다. 벽에 기대앉아 꼼짝하지 않고 마지막 문장을 다 읽고 나니 두 시간이 지나 있었다. 한자세로 고개를 숙인 채 읽고 있어서 다리는 움직일 수 없었고 얼굴은 부어 있었다.

≪젊은 베르테르의 슬픔≫이 그 시절 사회 전반에 대한 좌절의식을 반영하여 쓴 책이라고 알게 된 것은 나이 들어서였고, 그 당시에는 순수한 청년 베르테르가 사랑하는 여인 롯데를 잊지 못하는 애틋한 사연에 큰 감명을 받았었다. 그 후부터 나는 용돈이 생기면 책방으로 달려갔다.

고등학교 때다. 어느 날 점심시간 운동장 느티나무 그늘에 앉아 있으려니 2학년 여러 교실의 아이들이 창가에 모여 내 이름을 부르며 환호한다. 국어 선생님이 교내 글짓기 모집에서 1등을 한 내 글을 국어 수업시간이 있는 교실마다 다니며 읽어 주었기 때문이라고 한 친구가 달려와 일러주었다.

그 다음부터 나는 문예반이 되고 교지 편집을 맡아 책을 만들고 인쇄소를 드나들었다. 학생기자가 되어 선생님 댁을 방문하여 방문기도 쓰고 인터뷰도 하며 바쁜 생활을 하게 되었다. 백석白石이라는 시詩 동인지를 만들어 시를 쓰고 발표하며 국어 선생님들의 사랑도 받았다.

2. 젊은 그들

고등학교를 졸업하고 은행원이 되었다. 서울로 발령을 받아 근무하게 되어 대전의 집을 떠나 이모님 댁에서 살았다. 은행에 다니면서 대학에도 다니려고 서울로 지망했지만 새로 바뀐 은행 규정 때문에 나는 공부를 더 할 수 없게 되었다. 그런 사실들이 어린 나를 힘들게 하여 근무시간이 끝나면 바로 책을 들고 음악 감상실로 달려갔다. '세시봉'에서는 재즈를 들으며 책을 읽고 '돌체'에서는 클래식을 들으며 읽었다. '메트로'에서는 등받이가 깊은 의자에 파묻혀 교향곡을 듣느라 저녁 굶기를 예사로 했다.

그때 대학 졸업반이던 사촌 오빠의 친구는 가끔 '메트로'에 와서 의자에 파묻혀 있는 나를 찾아 사들고 온 빵을 먹였다. 그리고 땡땡 종을 울리며 달리는 마지막 전차를 타고 원효로의 굴방다리를 지나 이모 집까지 데려다 주었다. 오빠의 손에는 나에게 줄 책 한두 권이 늘 들려 있었고 책을 전해주고는 내 등을 두드리며 말했다. "작은 길을 가다 보면 큰 길로 나가는 곳에 이른단다." 어느 날 그 오빠는 네가 너무 어려서 아무 말도 못하고 떠난다는 이해 못할 이야기를 남기고 훌쩍 미국으로 유학을 떠났다.

그때 읽은 레마르크의 ≪개선문≫에서는 망명한 외과 의사 라비크를 통해 전쟁이 얼마나 파괴적이고 무용無用한 것인가를 알게 되었다. 사강의 〈길모퉁이의 카페〉 단편집은 젊은이들의 상큼한 사랑이 담겨 있어 읽기에 즐거웠고, '가을날의 황혼은 어쩌면 이리 투명한가?' 로 시작하는 보들레르의 산문시를 외우며 다니기도 했다. 키르케고르의 〈죽음에 이르는 병〉은 어려운 문구에 줄을 그어 놓고 죽음에 이르는 병이 '절망'이라는 것을 이해하기 위해 어린 나이에 깊은 고뇌도 했다.

그 후에는 세계명작들을 읽고 싶었다. 헤밍웨이, 톨스토이, 카뮈, 릴케, 위대한 서양 거장들의 작품을 만났다. 사르트르의 작품에서는 전후의 경향인 실존철학이 무엇인가를 알고 싶어 집중해서 읽었지만 나에게는 난해한 소설이었다.

내가 다니는 은행 부서에는 대학을 막 졸업한 문학에 대한 열정이 많은 젊은 남자 직원 몇몇이 있었다. 그 모임에는 당대의 유명한 소설가를 아버지로 둔 사람도 있었고 우리나라 대표적인 서정 시인을 매형으로 둔 사람도 있었다. 그들은 일주일에 한 번씩 만나 시와 소설 등 읽은 책에 대해 토론을 했다.

나에게 그 그룹에 참여하라는 제의가 왔다. 여자로서는 처음으로 그 모임에 참석하여 그들의 문학이야기를 들었다. 그때 황순원의 소설 〈나무들 비탈에 서다〉를 읽고 토론한 기억이 지금도 새롭다. 전쟁 이후 비탈에 서 있는 나무들같이 시련과 위기에 처한 젊은이들이 어떻게 그 상황을 극복해나가는가를 그린 소설이었다. 모임의 젊은 그들도 소설 속의 주인공들처럼 시대적인 아픔과 부조리한 현실에 대해 불만이 있는 사람들이었기 때문에 밤늦게까지 이야기를 나누었었다. 그 모임은 상당히 오래 지속되었고 나에게 문학에 대한 깊은 관심을 갖게 해 주었다.

3. 그리운 아버지

공무원이시던 아버지는 6·25 전쟁 중에 돌아가셨다. 아버지와 손을 잡고 바닷가를 거닐던 저녁나절, 어린 나를 등에 업고 방 안을 오가던 일, 안개 가득한 집 마당에서 마지막으로 헤어지던 생각들이 아버지를 그립게 했다.

나이가 들면서 아버지에 대한 그리움이 나를 슬프게 했다. 진혼곡 나팔소리를 들을 때, 국립묘지에서 뻐꾹새 소리를 들을 때, 그리고 오동나무에 보라색 꽃이 필 때, 이제는 백발노인이 된 어머니를 바라볼 때, 나는 아버지가 그리워 보는 이 없는 곳에서 때로는 눈물짓고 때로는 기도하였다.

아버지와의 추억들은 글을 쓰는 동기가 되었고, 아버지에 대한 그리움은 글을 쓸 수 있는 배경이 되어 마음에 자리잡게 되었다. 내가 그렇게라도 하지 않으면 아버지는 이 세상 어디에도 존재의 흔적이 보이지 않을 것 같아서였다. 그리고 아버지 이야기가 담긴 글을 책머리로 삼아 ≪푸른 잔≫을 펴내고 나는 마음의 평안을 찾았다.

4. 어느 날의 오후처럼

옛 어른들은 푸른빛은 쪽에서 얻고 갈물은 풋감에서 얻었다. 그러기 위해 집 마당가에는 쪽을 키우고 감나무를 심어 보살폈다고 한다.

나는 그동안 글을 쓰면서 쪽풀 하나 키우지 않으면서 푸른빛을 얻으려 하고 감나무 한 그루 키우지 않으면서 갈물을 원하지 않았던가 생각해 본다.

글을 쓴다는 것은 소나무를 보면서도 나무를 지나가는 솔바람 소리도 같이 들어야 하고, 여름에 비가 내리면 파초 잎에 떨어지는 빗방울 소리가 음률로 다가와 내 가슴을 적셔야 하며, 하찮은 돌멩이에서도 오묘한 움직임이 보이는 뜻을 찾는 것이라고 누군가가 말했다.

이제라도 시간이 없다고 미뤄 두었던 책들을 다시 찾아 읽어 독서량을 넓히고 감성의 폭을 풍부하게 하고 싶다. 그렇게 하는 것이 나에게는 고운 빛들을 얻기 위해 쪽을 키우고 감나무를 심는 것과 같은 과정이 아닐까 생각하기 때문이다.

내가 쓰는 글이 비록 심심하고 무덤덤하다고 해도 이제는 욕심 없이 쓰고 싶다. 남 보기에는 작고 보잘것없는 꽃이라 해도 햇빛과 바람과 비가 적절하게 조화를 이루어야 피어나는 것처럼, 내가 살아오면서 느낀 사유와 경험과 진솔함이 어우러진 글이니 독자가 있는 그대로 그냥 읽어 주기를 바랄 뿐이다.

햇빛도 뜰에서 여유롭게 쉬고 있는 어느 날의 오후처럼, 그렇게 수수하게 글 쓰며 조촐하게 살아가고 싶다.

■ 연보

1941 충남 서천군 화양면에서 아버지 南鼎鉉과 어머니 李卯姫 사이에서 둘째 딸로 태어남.

1956 대전여자중학교 졸업.

1959 대전여자고등학교 졸업.

1959 전 한일은행 입행.

1967 洪性桓과 결혼. 딸 志英과 아들 珍基 태어남.

1993 딸 李敎錫과 결혼, 외손자 秉埈 태어남.

1998 아들 朴柱映 과 결혼, 손녀 誠涓, 손자 兌炅 태어남.

1984~1986 동아문화센터 수필반 수강(임선희 선생님)

1987 예총문예진흥원 수필반 수강(윤모촌 선생님)

1988 ≪예술계≫ 수필 부문 신인상으로 등단.

1990~1998 박물관대학 강좌와 연구반에서 한국사, 고고학과 인류학, 종교학, 중국문학, 한국미술사, 불교 미술사, 동양사와 동양철학 등 여러 분야의 공부를 오랫동안 함.

2011년 현재 한국문인협회 회원, 한국수필문학진흥회 회원, 수필문우회 회원.

2003년 저서 ≪푸른 잔≫(선우미디어) 출간.

현대수필가 100인선 · 95
남민정 수필선

개구리 첫국밥

초판인쇄 | 2011년 6월 20일
초판발행 | 2011년 7월 4일

지은이 | 남 민 정
펴낸이 | 서 정 환
펴낸곳 | 좋은수필사

주 소 | 서울시 종로구 익선동 30-6
운현신화타워 빌딩 3층 305호
전 화 | 02)3675-5635, 063)275-4000
등 록 | 1984년 8월 17일 제28호
홈페이지 | http://www.shin-a.co.kr
e-mail | essay321@hanmail.net
| essay888@hanmail.net

값 7,000원

ISBN 978-89-5925-364-7 04810
ISBN 978-89-5925-247-3 (전 100권)